W0316357

Offert par Caky et Bernard
Noël 2016

COMMENT LUTTER EFFICACEMENT CONTRE L'IDÉOLOGIE ISLAMIQUE

Marjo Grandjacques
Casteras

Tél: 0680105111

DU MÊME AUTEUR

LES PUTES VOILÉES N'IRONT JAMAIS AU PARADIS !, Grasset, 2016.
BIG DADDY, Grasset, 2015 ; Livre de Poche.
LA DERNIÈRE SÉANCE, Fayard, 2013 ; Livre de Poche.
JE NE SUIS PAS CELLE QUE JE SUIS, Flammarion, 2011 ; Livre de Poche.
NE NÉGOCIEZ PAS AVEC LE RÉGIME IRANIEN, Flammarion, 2009.
LA MUETTE, Flammarion, 2008 ; J'ai lu.
À MON CORPS DÉFENDANT, L'OCCIDENT, Flammarion, 2007.
COMMENT PEUT-ON ÊTRE FRANÇAIS, Flammarion, 2006 ; J'ai lu.
AUTOPORTRAIT DE L'AUTRE, Sabine Wespieser, 2004 ; Folio.
QUE PENSE ALLAH DE L'EUROPE ?, Gallimard, 2004 ; Folio.
BAS LES VOILES !, Gallimard, 2003 ; Folio.
JE VIENS D'AILLEURS, Autrement, 2002 ; Folio.

CHAHDORTT DJAVANN

COMMENT LUTTER EFFICACEMENT CONTRE L'IDÉOLOGIE ISLAMIQUE

BERNARD GRASSET
PARIS

ISBN : 978-2-246-86297-0

Tous droit de traduction, de reproduction et d'adaptation
réservés pour tous pays.

© *Éditions Grasset & Fasquelle, 2016.*

Avant-propos

« Nous sommes en guerre », nous ont dit nos dirigeants après les attentats du 13 novembre 2015. Ils l'ont répété après chaque attentat, chaque carnage, chaque assassinat. Si nous sommes en guerre, rien n'est plus normal que des pertes en vies humaines. Comme dans toutes les guerres.

Mais contre qui sommes-nous en guerre ? Contre quel pays ? Contre quelle armée ? L'ennemi ne nous a pas agressés avec des bombardiers, des missiles ou des chars d'assaut. Nous n'avons pas eu à repousser une attaque depuis l'extérieur de nos frontières. « Nous sommes en guerre contre le terrorisme », nous affirme-t-on. L'ennemi est déjà dans la place, à l'intérieur, et nous ne le connaissons pas vraiment.

Rappelons-nous : avant la guerre en Syrie, en Libye, avant que nul n'ait encore entendu le mot Daech, nous avions souvent recours au plan Vigipirate ; on nous parlait déjà, presque chaque semaine, des attentats déjoués, des cellules dormantes.

Or, n'est-il pas temps d'admettre que si nous sommes en guerre, nous sommes avant tout en échec sur le plan pédagogique comme sur le plan politique, et que si nous n'agissons pas rapidement et efficacement, nous serons, peut-être, échec et mat ? La partie et la patrie seront perdues.

L'assassinat des journalistes et des dessinateurs de *Charlie Hebdo*, le 7 janvier 2015, avait pour but de s'attaquer frontalement à la liberté et au droit de penser et de critiquer les dogmes islamiques. La tuerie de l'Hyper Cacher nous a prouvé encore une fois qu'être juif pouvait suffire pour devenir la cible des terroristes islamistes. Le carnage à la terrasse des bistrots et au Bataclan avait pour but de s'attaquer au mode de vie occidental. À notre art de vivre : femmes et hommes de toutes origines, ensemble, qui dégustent les plaisirs de la vie. Le bain de sang à Nice, le 14 juillet 2016, avait pour but de transformer le jour de la fête nationale en jour de deuil national (je reviendrai plus loin sur le discours que François Hollande a tenu à propos du tueur « dépressif »). L'égorgement barbare d'un prêtre avait pour but d'attiser les haines religieuses.

Avant le massacre de Nice, les attentats à l'aéroport et dans le métro de Bruxelles, centre névralgique des institutions européennes, signifiaient clairement que l'Europe tout entière était visée. De leur côté, les tueries de San Bernardino et d'Orlando prouvaient que, malgré sa politique nationale contre le terrorisme depuis le 11 Septembre, et bien que géographiquement éloignée par un océan, l'Amérique n'était pas à l'abri non plus. Le « planning » des terroristes leur est dicté par des chefs bien avisés.

Nos dirigeants, impuissants, nous le répètent : il faut s'attendre à d'autres attentats. En moins de deux ans, les attentats islamistes sont devenus une sorte de fatalité, comme s'il s'agissait de désastres naturels qu'on ne pouvait éviter.

Ceux qui nous font, selon l'expression de notre président, la « guerre », les djihadistes, ne sont pas des étrangers, pour la plupart ils viennent de chez nous ; la chose est connue, mais, désormais, le réel nous pose à tous une terrible question : qu'est-il arrivé à une partie de la jeunesse en Europe et en France ?

Plus largement et plus profondément, nous devons nous demander ce qui nous arrive, à nous tous, en France et en Europe. Quels sont les non-dits, les erreurs, les falsifications et les mensonges qui nous empêchent d'apprécier la situation, d'en comprendre les rouages intellectuels et politiques ?

Force est d'admettre que, en deçà du terrorisme, l'idéologie islamique a progressé insidieusement, année après année, malgré les efforts déployés pour l'endiguer. Un rapport commandé par le gouvernement, après le carnage à *Charlie Hebdo*, montrait qu'une partie de la jeunesse des banlieues se radicalisait, rejetait la République, la laïcité, voire la France. N'est-il donc pas temps de changer de méthode ? N'avons-nous toujours pas compris que la nôtre, contrairement à celle des islamistes, manquait d'efficacité ?

Si la radicalisation se fait parfois très rapidement, cela est dû à un environnement général islamisé et propice au travail des recruteurs : ils cherchent en priorité des petits et grands délinquants mentalement fragiles, ayant des problèmes sur les plans sociaux, professionnels et familiaux. Mais il faut savoir que nul ne se radicalise sans avoir été baigné de longues années dans un endoctrinement général, un endoctrinement hélas favorisé malgré elles par nos sociétés européennes. Avant la radicalisation, tout un environnement s'est islamisé, permettant la radicalisation rapide des « crétins » et des « gogos » qui ne connaissent, parfois, même pas leurs prières. Sans avoir été musulmans pratiquants, ils se sacrifient pour racheter leurs péchés, et aller au Paradis.

Il est temps d'admettre que nous sommes devenus l'objet d'une offensive moins barbare et moins spectaculaire que celle des terroristes, mais autrement plus efficace puisqu'elle subvertit, parfois à notre insu, notre vocabulaire, le sens que nous donnons aux mots et, par là, l'appréhension des situations qu'ils décrivent. Ce que j'évoque là, c'est le travail de l'idéologie islamique, d'autant plus difficile à analyser qu'il met en cause, outre des propagateurs conscients et délibérés, des « idiots utiles » et des « demi-habiles », pour reprendre l'expression de Pascal, des suivistes qui s'empêtrent souvent, parfois de bonne foi, dans la rhétorique imposée par les premiers, et, enfin, ceux qui les écoutent passivement, même s'il leur arrive de s'interroger.

Parallèlement aux assauts terroristes, nous sommes donc soumis à l'attaque très subtile des propagandistes de l'islam idéologique – ce que j'ai appelé en 2004 le « djihad souterrain » dans *Que pense Allah de l'Europe ?* Durant les trente dernières années, l'idéologie islamique a gagné insensiblement du terrain en France, en Europe, dans le monde entier. Le voile islamique, qui était impensable il y a trente ans en Occident, a aujourd'hui droit de cité. Halal et « repas confessionnels » se répandent, et « c'est écrit dans le Coran » est devenu la formule répétée par des gamins de dix/douze ans dans certaines cités et banlieues, comme par des intellectuels qui s'en jettent les versets à la figure au cours des débats télévisés. Outre les islamologues, les imams, les muftis, les recteurs de mosquée…, nous entendons philosophes, journalistes, écrivains, romanciers, politiques, comédiens… nous parler depuis des années de « l'interprétation du Coran », de la nécessité de penser l'islam…

Comment endiguer l'invasion d'une idéologie propulsée par de grands et habiles manipulateurs, des missionnaires, des agents d'influence qui manient à merveille la *Taqiya* – l'art de la dissimulation et de la tromperie –, et par leurs complices conscients ou inconscients, demi-habiles ou idiots utiles ?

Peut-on empêcher le progrès de l'idéologie islamique en Europe, en Occident ? Et si oui, comment ? Peut-on lutter efficacement contre cette idéologie qui sous-tend et nourrit le terrorisme ?

L'époque mondialisée dans laquelle nous vivons n'est pas celle du droit à une alimentation saine pour tous, du droit à la santé, à l'éducation, à une vie digne, à la démocratie. Non, nous sommes loin de l'utopie d'une démocratie mondiale. Nous sommes à certains égards dans la mondialisation du pire, qui a créé au moins deux monstres : le premier est l'économie virtuelle, la finance, qui domine les États et les gouvernements. Ainsi nos dirigeants sont-ils devenus de plus en plus des représentants de commerce de leurs entreprises auprès d'autres États. Jamais l'écart entre les riches et les pauvres, y compris dans les pays démocratiques, n'avait atteint de tels niveaux, et jamais non plus la dénonciation quasi générale de cet écart n'a été à ce point banalisée et inefficace. Les multinationales, les vrais riches, ont gagné la bataille.

Le deuxième monstre est l'idéologie islamique, qui ne se résume absolument pas à Daech. L'islam s'est idéologisé : il est la seule idéologie qui ait aujourd'hui une existence mondiale. Cette idéologie se propage à la manière d'un cancer et se nourrit de tout. De ressentiments en tout genre, de frustrations, de souffrances, d'exclusions, comme de carence d'intelligence et de crétinisme. Elle transforme les plus ardents de ses adeptes en chair à ceinture explosive, en tueurs avides de massacres. Et, hélas, la finance et les dogmes religieux se marient fort bien…

Certes, on peut se radicaliser sur Internet. Il y a autant de mosquées virtuelles que de mosquées en béton. Mais enfin, des jeunes ne se radicaliseraient pas s'ils n'y avaient pas été préparés, prédisposés et si, pendant des mois, des années, un imam, un éducateur, un grand frère, un idéologue, un islamologue ne leur avait chuchoté à l'oreille que la solution est l'islam, que leurs valeurs ne sont pas celles des mécréants occidentaux, que leur identité est avant tout et définitivement musulmane, gravée dans leur tête comme sur le marbre de leur tombeau. Avant la radicalisation, le problème est donc celui de la dichotomie des valeurs, de la dichotomie symbolique. Avant la radicalisation, il y a l'islamisation.

J'ai vu, dans le quartier du quinzième arrondissement de Paris où j'ai vécu plusieurs années, comment le fils de l'épicier tunisien, un jeune homme sympathique, s'est islamisé, après le passage hebdomadaire des barbus qui lui rendaient visite. Il est devenu, bien que né en France, un ardent partisan de Ennahdha. Nous étions bien avant « le printemps arabe » ou « la révolution du jasmin ». Les islamistes font du porte-à-porte depuis au moins deux décennies.

Je ne dis pas que les musulmans sont partisans de cette idéologie. Au contraire, l'immense majorité des musulmans la rejettent et parmi ses plus farouches ennemis, on compte bon nombre de gens d'origine musulmane qui en ont connu la monstruosité de l'intérieur. Mais cette population qu'on nomme musulmane, où qu'elle se trouve, dans les pays musulmans comme dans les pays occidentaux, est prise en otage par une idéologie qui est promue aujourd'hui en Europe, comme partout dans le monde, aux États-Unis, au Canada, en Australie..., par une toute petite minorité active. L'histoire, nous le savons, depuis le communisme, depuis le fascisme, depuis le nazisme, est toujours faite par des minorités actives qui s'appuient sur la passivité du plus grand nombre.

À l'opposé de Houellebecq ou de Boualem Sansal, je pense qu'il n'est pas trop tard, qu'il est encore possible de couper la tête à ce monstre idéologique qui fait de la jeunesse la plus vulnérable l'instrument de ses pires crimes.

Ce livre réexamine et questionne quelques notions qui semblent aller de soi, et qui pourtant constituent un terreau langagier favorisant l'offensive idéologique. C'est, avant tout, en démontant les constructions rhétoriques des propagandistes de l'idéologie islamique que nous pourrons envisager de les combattre pacifiquement et efficacement, car ils ne sont forts que de nos faiblesses, de nos fautes d'attention, de nos méconnaissances et de nos démissions.

L'idéologie islamique a été introduite savamment en Occident par le bas, via le terrain, dans certains quartiers, cités, banlieues, et par le haut, via les intellectuels, les politiques, les artistes et les médias.

Je passerai au crible quelques concepts qui servent de points d'appui à l'offensive islamiste, qui ont une large extension et semblent parler à tous et à chacun. Je reviendrai sur la dialectique à l'œuvre dans le traitement de la place et du rôle du Coran dans le discours islamique. J'ai distingué les « piliers » sur lesquels l'idéologie islamique s'est construite – et sans lesquels elle ne pourrait exister. J'essaierai ainsi de mettre en évidence, en deçà des artifices rhétoriques, les réalités qui les sous-tendent : une conception définitivement totalitaire d'un islam dogmatique, le tout dans une vision impérialiste et hégémonique de la dernière religion monothéiste conquérante, dont la vocation revendiquée est de régner sur la planète entière.

Le but de ce livre est, avant tout, de permettre à chacun d'identifier le discours de l'idéologie islamique qui endoctrine chaque jour insidieusement les enfants et les adolescents, et de fournir des arguments logiques, solides, à tous, surtout aux professeurs qui sont en première ligne face aux élèves influencés par des prédicateurs.

Lorsqu'elle est vraie, lorsqu'elle est authentique, rationnelle et structurée, la parole peut agir comme un vaccin contre l'obscurantisme.

Parallèlement à la lutte anti-terroriste, il est essentiel, alors que se poursuit l'offensive idéologique islamique, de ne pas négliger ce terrain, sous peine de voir se vérifier les visions pessimistes de la littérature de fiction. La « soumission » est le contraire du courage et de la volonté de connaissance, de la volonté de devenir citoyen libre, être pensant, conscient et responsable de ses choix et de ses actes.

Avant de clore cet avant-propos, je rappelle une chose, très importante. Une chose qu'il faut répéter quotidiennement : chaque attentat barbare est aussi un guet-apens très dangereux que nos ennemis nous tendent. Chaque attentat est perfidement ordonné, planifié dans le but de nous faire dérailler, de créer des enclaves de violence. Et il est primordial de ne pas céder au vertige de la vengeance, aux règlements de compte. Il ne faut surtout pas incriminer les musulmans parce que quelques-uns commettent des attentats barbares, parce qu'une poignée d'entre eux se sont radicalisés.

Les islamistes, je dis bien les islamistes, après avoir exporté leur idéologie islamique en France et en Europe, souhaitent exporter leur guerre civile en France et en Europe.

Nous avons le devoir de réfléchir, pour une fois, ensemble, les uns avec les autres – et non pas les uns contre les autres –, à la sauvegarde du bien commun et des valeurs essentielles qui font la grandeur de la France, de l'Europe et des démocraties occidentales. Nous devons nous battre contre l'obscurantisme en prenant pour armes la raison et l'intelligence.

Nous sommes tous des croyants !

Nous avons tous entendu, durant ces dernières années, nos dirigeants politiques de droite comme de gauche, de Nicolas Sarkozy à Christiane Taubira, diviser les Français en deux catégories : « croyants et non-croyants », « ceux qui croient et ceux qui ne croient pas ».

Tout d'abord il n'existe pas d'être humain qui, dans l'absolu, ne croit à rien. Nous avons tous des croyances. Religieuses ou spirituelles. « La croyance dans l'absurdité de l'existence », selon la formule de Camus, est une croyance aussi. Même les plus matérialistes d'entre nous ont des croyances : ils croient par exemple qu'après la mort l'être humain redevient matière première, retourne à la terre. Toute hypothèse concernant l'avant-naissance et l'après-mort relève de la croyance, car il n'existe à ce jour aucune certitude scientifique et expérimentale à ce sujet.

Croire à une chose, selon le Robert, c'est la tenir pour vraie, vraisemblable ou possible. La croyance suppose donc d'emblée l'incertitude et le doute. Comme l'a écrit le grand poète, mathématicien, astronome, philosophe persan du XIe siècle, Omar Khayyam : « *Az djomlé yé raftégan é in rahé déraz baz amadéhi kou ké bé mâ gouyd raz* », « De tous ceux qui ont fait ce long chemin nul n'est revenu pour nous dévoiler le mystère. » Hédoniste, dans ses poèmes, dans une langue majestueuse qui défie la traduction, il définit les humains comme des « poussières d'étoiles » et ne cesse de proclamer qu'il faut bannir les dogmes religieux pour vivre pleinement les plaisirs de la vie : l'amour et le vin. Dix siècles plus tard, le régime islamique d'Iran censure les poèmes d'Omar Khayyam, présenté dans les manuels scolaires comme « mathématicien de l'islam » et, cerise sur le gâteau, il décide de supprimer le mot vin du vocabulaire persan !

Pour revenir aux formules de nos dirigeants, ignorent-ils vraiment que cette division, croyants/non-croyants, devenue anodine dans le pays de Montaigne, de Montesquieu, de Voltaire, de Diderot et de Rousseau, ne l'est pas pour beaucoup de musulmans, surtout depuis une trentaine d'années ? Ne savent-ils pas que les « non-croyants » désignent aux yeux de certains musulmans, ici même en France, les mécréants, les infidèles, les impies, les apostats, les blasphémateurs ? Que les « non-croyants » sont ceux qui doivent être convertis ou combattus, vaincus ou éliminés ? N'ont-ils toujours pas compris pourquoi les journalistes de *Charlie Hebdo* ont été assassinés ? N'est-ce pas parce qu'ils étaient des « non-croyants » ? Des blasphémateurs ? De même que les Occidentaux impies qui écoutaient de la musique et buvaient du vin à la terrasse des bistrots étaient des mécréants ? Quelle place les sites islamistes réservent-ils aux « non-croyants », à « ceux qui ne croient pas » ? On dirait que nos dirigeants sont coupés de la réalité du monde. Ou alors qu'ils ne savent plus penser, obnubilés qu'ils sont par les stratégies électorales ou par le culte de leur personnalité.

L'être humain a besoin de croire ; à chacun ses croyances, aussi délirantes, superstitieuses, insensées ou infondées soient-elles. Les croyances des uns ne s'accordent pas aux croyances des autres. Les croyances des uns peuvent aller à l'encontre de celles des autres. Les uns ont besoin de croire à une religion, les autres ont besoin de croire à l'intelligence, à la philosophie, à la science, à la poésie… pour donner du sens à leur vie. « La poésie, c'est ce qui reprend à la religion son bien », disait l'un de nos plus grands poètes qui vient de s'éteindre, Yves Bonnefoy. La poésie restitue la beauté aux choses, la vie aux mots et l'estime de soi à ceux auxquels des conditions sociales difficiles l'ont dérobée. La poésie possède une force consolatrice et rédemptrice ; encore faudrait-il que l'enseignement sache la rendre accessible aux jeunes adolescents, même aux plus réfractaires. Pour ma part, je crois au miracle de la poésie !

Face à un religieux qui dirait : « J'ai l'intime conviction que le Coran est incréé », je répondrais : « J'ai l'intime conviction que tout livre a été écrit par des hommes, y compris le Coran. » Conviction pour conviction, on est quittes.

Face à un autre qui dirait : « Je crois que le Coran est la Parole d'Allah... », je répondrais : « Je crois qu'aucun livre n'est la parole d'aucun Dieu. » Croyance pour croyance, on est quittes.

L'important n'est pas le contenu de la croyance. Chacun croit ses croyances supérieures à celles des autres. L'important, c'est que, dans une démocratie, il n'y ait pas de hiérarchie des croyances. Qu'il n'y ait pas, d'un côté, les mauvais croyants, et de l'autre, les bons croyants. Ou d'un côté les croyants et de l'autre les non-croyants. Cette distinction valorise, crédibilise, institutionnalise les croyances des uns, « les croyants », au nom d'une sacralité infondée et insondable, au détriment des croyances des autres, les « non-croyants ». Sans croyances, les non-croyants sont appelés à « respecter » les croyances des croyants.

La hiérarchisation des croyances, c'est le début d'une dérive dictatoriale.

En somme, nos politiques nous disent : puisque vous ne croyez pas à Moïse, au Christ, à Mahomet comme prophètes d'un Dieu, vous êtes des « non-croyants ». Du coup, l'État est appelé à s'occuper de l'organisation de la croyance des « croyants. » Pour qu'ils puissent afficher et répandre leurs croyances tranquillement, au détriment de la paix sociale des autres. Puisque d'emblée, implicitement, il est entendu que les croyances des « non-croyants » ne pèsent rien face à celles des « croyants ». Voici comment nous avons été tous piégés, et ça ne s'arrête pas là.

La croyance des uns paraît toujours insensée aux autres. Le fait que plus d'un milliard d'Indiens croient que la vache est un animal sacré devrait suffire à relativiser le sens du sacré et des croyances !

Ce discours, qui divise les gens en deux blocs, croyants et non-croyants, est devenu monnaie courante. Ici même, en Europe, on divisait les gens ainsi, à l'époque de l'Inquisition, dans le but de dénoncer les non-croyants, les mauvais croyants comme impies, mécréants, infidèles qu'il fallait convertir ou supprimer. C'était l'époque des guerres de religion. Et apparemment on y revient sans même s'en rendre compte !

La division en deux catégories, croyants/non-croyants, instaure à elle seule une hiérarchisation implicite, mais opérante. Les premiers sont marqués d'un signe positif, et les autres d'un signe négatif : *non*-croyants. Par cette seule séparation entre croyants et non-croyants (et cela dans le seul pays prétendument laïque, dont l'État ne reconnaît que la qualité de citoyen et non celle de musulman, chrétien, juif...), les besoins spécifiques des croyants, le mode de vie des croyants, les demandes des croyants, les accommodements avec les croyances des croyants, le respect à l'égard des croyances des croyants sont imposés à tous. On relègue au second plan ceux que l'on appelle communément les non-croyants, puisqu'ils n'ont ni besoins, ni demandes, ni exigences.

L'engrenage infernal ne s'arrête pas là : avec la hiérarchisation instaurée entre croyants et non-croyants s'instaure automatiquement, inexorablement, une hiérarchisation de fait à l'intérieur des croyances de ceux qui sont désignés comme « croyants ». Les croyances les plus ferventes, les plus extrémistes, celles des derniers croyants, les croyances du dernier monothéisme priment ainsi sur les croyances plus anciennes, passées de mode en quelque sorte. Et les derniers croyants exigent que tous respectent leurs croyances.

Depuis plus de vingt ans, quelle est la croyance qui accapare l'attention de tous et en premier lieu de l'État ? Quelle est la croyance qui occupe l'espace social et politique, non seulement en France, mais dans toute l'Europe ? N'est-ce pas l'islam ? Ne parle-t-on pas sans cesse des besoins spécifiques des musulmans dans les sociétés occidentales ? Leurs mosquées, leurs voiles, leur nourriture halal, leur ramadan, leurs salles de prières sur les lieux de travail, les prières de rue, les heures de piscine spécifiques, les repas confessionnels. N'exigent-ils pas de tous qu'ils respectent leurs croyances, leurs dogmes ?

Quand a-t-on entendu parler pour la dernière fois du carême des catholiques ? Ou du droit à la procession dans les rues ?

La non-croyance des « non-croyants », la croyance « dévoyée » des chrétiens et des juifs sont devenues le ressort de l'expansionnisme du discours islamique qui a su s'imposer en premier lieu à l'État, aux médias, puis à nous tous.

Et pendant que l'État est préoccupé par les besoins et les demandes spécifiques des derniers croyants, sans même parler des menaces terroristes, les problèmes de tous, comme le chômage, la pauvreté, la précarité, le logement… sont relégués au deuxième plan.

Nos dirigeants sont-ils élus dans la France laïque pour s'occuper de la foi des citoyens ?

Au nom de quoi les croyances philosophiques, rationnelles, spirituelles sont-elles considérées comme relevant de la non-croyance ? Comme des sous-croyances ? Pourquoi en 2016, dans des pays européens, dans des pays qui ont inventé le meilleur système qui existe au monde, dans les pays de la rationalité, les superstitions, les dogmes moyenâgeux ont-ils envahi la société ? Voilà la question importante que nous devons nous poser.

Qui aurait pu imaginer, il y a quelques décennies, en 1980 par exemple, qu'en France on assassinerait des journalistes et des dessinateurs parce qu'ils avaient blasphémé ? Même un Houellebecq aurait été à mille lieues d'inventer une fiction aussi improbable. Le simple constat de la progression des dogmes religieux au détriment de la pensée rationnelle en Europe, durant ces trente dernières années, force à s'interroger sur son avenir.

Respectez les croyances, s'il vous plaît !

Qu'est-ce que « respecter les croyances » ?

Doit-on, peut-on, respecter une croyance à laquelle on n'adhère pas ?

On a troqué le respect à l'égard des êtres humains qui existent en chair et en os contre le respect de leurs croyances. De même qu'on a confondu la tolérance avec l'ignorance et le laxisme.

Je m'explique : si je crois que la Torah, comme la Bible et le Coran, malgré leur importance fondamentale, historique, culturelle, symbolique et mythologique, ont été écrits par des hommes, pourquoi devrais-je respecter la croyance en leur sacralité divine ? Pourquoi devrais-je respecter leurs dogmes, leurs lois, lorsqu'ils me paraissent arbitraires, injustes, voire totalitaires ?

Je ne respecte en rien les dogmes religieux imposés, il y a des siècles, par des hommes à d'autres hommes, et qui me paraissent injustes, voire barbares. Ce que je respecte, c'est le droit des autres à ne pas croire comme moi, le droit des autres à se tromper selon mes croyances.

La tolérance, c'est admettre que les autres puissent se tromper, et qu'ils aient le droit de ne pas penser comme moi. Mais cette tolérance et ce respect doivent être réciproques – sinon aucune croyance ne sera respectée.

C'est cela, vivre ensemble. On en est loin.

Si je crois que manger un délicieux cochon de lait n'est pas un « péché », n'a rien d'irrespectueux à l'égard de quiconque, et n'offenserait en rien Allah si jamais il existe, pourquoi devrais-je par respect m'abstenir de manger un de mes plats favoris, en buvant un verre de vin, devant des musulmans qui font leur ramadan ?

Eux peuvent croire que je n'agis pas bien, selon leurs dogmes, et moi je crois qu'ils se trompent, qu'il n'y a aucun sacrilège, et qu'ils se privent d'un grand plaisir. Nous sommes quittes !

Respecter quelqu'un ne signifie pas respecter ses croyances, encore moins y adhérer.

Alors que dans des rencontres, des colloques, j'ai entendu dire plusieurs fois « Par respect, je ne mange pas de porc devant les musulmans au mois de ramadan ! » ou « Je ne vais quand même pas boire pendant le mois de ramadan un verre dans le bistrot de mon quartier où il y a beaucoup de musulmans ».

Pourquoi la foi du charbonnier devrait-elle dicter le comportement de tous ?

Déjà en 2004, dans un colloque à Bayonne sur la laïcité et la démocratie auquel j'assistais, et qui tombait par hasard au mois de ramadan, le jambon avait été banni du grand buffet au vaste éventail de choix, par respect pour l'imam présent ! Il ne s'agissait pas de respect, mais bel et bien de faire admettre à tous, donc socialement, que manger du jambon était mal, surtout pendant le mois de ramadan. Il s'agissait d'une atteinte à la liberté de la majorité des participants au colloque. Il s'agissait d'imposer à tous les dogmes religieux de quelques-uns. Il s'agissait d'aliénation, de reculade et non de respect. Les plaisirs de la vie comptent-ils moins que les dogmes qui les prohibent ?

On peut penser, mollement, que ce n'est pas grave de s'abstenir pendant quelques jours de jambon, même à Bayonne, par respect des « gens qui croient » ; mais le problème, c'est que, dans ce domaine, cela commence par des choses bénignes, et se termine par des choses très graves. Se soumettre aux premières exigences dites anodines, c'est ouvrir la brèche à des exigences, plus importantes et plus fondamentales ; et pour finir on impose à tous le respect de l'ensemble des dogmes islamiques : « Vous respecterez l'islam, sinon, vous allez voir ce que vous allez voir. »

Et nous avons tous vu.

Après le carnage à *Charlie Hebdo*, beaucoup de commentateurs, d'intellectuels nous ont expliqué que blasphémer n'avait de sens qu'à l'intérieur d'une religion et ne pouvait concerner les gens extérieurs à cette religion. Façon de dire que les non-musulmans n'étaient pas tenus de se soumettre aux dogmes islamiques et que, du coup, ils ne pouvaient être accusés de blasphème par les musulmans. Ce qui signifiait, en gros, que si les terroristes assassinaient un Kamel Daoud, un Boualem Sansal, ou une Zineb El Rhazoui, en somme, des apostats, pour rester dans le langage religieux, cela aurait du sens sémantiquement et intellectuellement et serait plus acceptable ! Eh bien bravo !

Je m'empresse de préciser que je ne suis pas musulmane. Mon père ne l'était pas. Je n'ai pas la double nationalité non plus. Le jour où j'ai obtenu la nationalité française, j'ai déchiré mon passeport iranien : libérée enfin du joug des ayatollahs, j'ai commencé à écrire mon premier roman.

Tout d'abord, ces intellectuels ignorent la logique des islamistes. Ils ne comprennent pas que, à leurs yeux, nous devons tous nous convertir à l'islam. Dans le Coran, Allah est le même Dieu que le Dieu des chrétiens et que le Dieu des juifs, Dieu de tous les humains enfants d'Abraham.

L'islam, dernière religion monothéiste, est la volonté ultime de Dieu, et la volonté de Dieu est que l'islam règne sur la terre entière. Chrétiens, juifs et païens sont appelés à se convertir à l'islam et à se soumettre à Mahomet, son dernier prophète. C'est pourquoi, pour se convertir à l'islam, il suffit juste de dire et de reconnaître « qu'il n'existe pas d'autre Allah qu'Allah et que Mahomet est son prophète ». Les récalcitrants sont des impies, des mécréants, des infidèles, des impurs. Des *kâfar.* Refuser la dernière volonté de Dieu, ne pas se soumettre au livre « incréé » qu'est le Coran, c'est en soi blasphémer.

Encore une fois, les idéologues de l'islam ont réussi à piéger la pensée des intellectuels. Il faut reconnaître qu'ils ont une longue expérience dans ce domaine ; dès son arrivée en France, il y a trente-sept ans, Khomeiny, ce djihadiste terroriste déguisé en vieux religieux respectable, avait su ensorceler les intellectuels français, à quelques exceptions près.

Ce qui est grave, c'est que des intellectuels en France expliquent ce qu'est le blasphème et qui peut en être accusé, au lieu d'affirmer que le délit de blasphème, aboli définitivement en 1889, n'a plus droit de cité dans ce pays. Le problème, c'est qu'ils n'aient pas demandé à la justice de poursuivre ceux qui portent une accusation de blasphème...

Je rappelle que depuis 1999, les 57 pays de l'OCI, l'Organisation de la coopération islamique, ont réclamé devant la commission des droits de l'homme de l'ONU la reconnaissance du concept de diffamation des religions, faux nez pour le délit de blasphème, demande qui a été rejetée seulement en 2011 par l'Assemblée générale. La diffamation des religions, le blasphème, échappait à la distinction sémantique chère à nos intellectuels entre intérieur et extérieur d'une religion.

Le problème avec le Coran dans le discours islamique

Les idéologues de l'islam ont piégé discours et débats et paralysé la capacité de penser. On doit leur reconnaître le talent d'imposer leur langage à tous : « Il faut faire une interprétation éclairée et séculière du Coran. » Et tout le monde, musulman ou pas, psalmodie le même refrain. Depuis des décennies, on entend ce leitmotiv asséné en brandissant le Coran : « Le problème n'est pas le Coran, le problème n'est pas dans les sourates du Coran – même si certaines incitent à la guerre contre les infidèles et les mécréants… Le problème n'est pas dans les sourates au contenu archaïque, le problème est dans l'interprétation du Coran. »

Et il ne se trouve personne pour répondre : le problème de l'interprétation concerne tout livre, quels que soient ses qualités ou ses défauts, quel que soit son contenu ou son sujet, quelle que soit son importance. Il suffit d'avoir regardé une seule fois l'émission *On n'est pas couché* ou écouté *Le masque et la plume* pour s'en rendre compte. Même ceux qui n'ont jamais lu un livre de leur vie constateront que, d'un lecteur à l'autre, d'une lecture à l'autre, le même livre n'est pas le même livre. Sans parler des multiples avis de lecteurs sur Amazon, Fnac, ou d'autres sites comme Babelio... Il existe autant de Coran que d'interprètes, d'exégètes ou de simples lecteurs.

Le vrai problème n'est pas la bonne ou la mauvaise interprétation du Coran – la bonne interprétation des uns n'est jamais que la mauvaise interprétation des autres.

Le vrai problème, avec le Coran, c'est sa prétendue sacralité divine. Insondable.

Le vrai problème, c'est que les dogmes, les lois coraniques se veulent au-dessus des lois républicaines et démocratiques.

Le vrai problème, c'est que les dogmes archaïques du Coran et de l'islam ont envahi l'espace public et la société dans des pays démocratiques.

Le Coran est un peu comme Internet ! Chacun y trouve ce qu'il cherche. Même ce qui n'y est pas. D'ailleurs le Coran est sur Internet. Il suffit de prétendre : « Le Coran dit » ou « C'est écrit dans le Coran »... pour que cela se propage sur Internet, comme une rumeur. « Les femmes doivent se voiler la tête, parce que c'est écrit dans le Coran » : je n'ai toujours pas trouvé le verset ni la page. Le Coran, lui-même, encourage le sacrilège et le blasphème ! Quiconque en a lu quelques pages, admettra que d'une sourate à l'autre, d'un verset à l'autre, Allah change d'avis, se contredit : tantôt il invite à la paix, à l'amour de son prochain, au plus grand humanisme… il dit : « point de contrainte en matière de religion », et tantôt il incite à la guerre et à l'élimination des infidèles et des mécréants : juifs, chrétiens, païens… Il commence à nous raconter une histoire, puis il passe à un autre sujet, il saute sans cesse du coq à l'âne. Dans le Coran, on ne sait jamais sur quel pied danser avec Allah ! Si la phrase « Dieu a créé l'homme à son image » a quelque fondement, il faut reconnaître que Dieu est bourré de contradictions comme l'homme.

Le discours islamique essaie de polluer l'opinion et la pensée de tous. En voici un exemple concret et récent.

Après les attentats du 13 novembre 2015, un sociologue iranien, Farhad Khosrokhavar, proche du régime des mollahs, fervent défenseur du voile en France, spécialiste de l'islam, du terrorisme, de la radicalisation des jeunes dans certains quartiers et dans les prisons… dont les articles sont publiés fréquemment dans journaux et magazines, nous a expliqué que « ces jeunes qui ont commis des attentats ne connaissaient pas deux sourates du Coran ». *So what ?* Sa formule a été reprise et répétée comme référence par des spécialistes français. Tout d'abord, comment notre sociologue le sait-il ? Connaissait-il les terroristes personnellement ?

Et puis, est-ce vraiment un problème que de ne pas connaître deux sourates du Coran ? L'immense majorité des musulmans dans le monde n'a jamais lu le Coran, pour la simple raison qu'ils étaient ou sont analphabètes. Six milliards de non-musulmans non plus n'ont jamais lu le Coran, et ce n'est pas pour autant qu'ils vont se faire exploser avec une ceinture autour de la taille, assassiner des gens à coups de kalachnikov ou les égorger. Quant aux imams, prédicateurs... qui incitent à la haine, à la guerre en citant, sur Internet ou en boucle sur des chaînes télévisées, des sourates du Coran, est-ce qu'eux non plus n'ont pas lu deux sourates du Coran ? Et Khomeiny, le premier terroriste djihadiste, qui appelait à la mort de tous les *kâfar*, les impies, n'avait-il pas lu non plus deux sourates du Coran ? Khomeiny, dont les propos ne se distinguaient en rien de ceux des nouveaux cerveaux du terrorisme de Daech, ne connaissait-il pas deux sourates du Coran ? Et Khamenei, qui fait aboyer à ses fidèles : « À bas l'Amérique », « À bas Israël » chaque vendredi, après la prière collective, il n'a pas lu deux sourates du Coran ?

Lui, le Guide, connaît le Coran et l'islam. Il s'en croit même dépositaire. N'est-ce pas lui qui, pendant la guerre civile d'Algérie, dès 1992, incitait les fanatiques au meurtre ? N'est-il pas l'un des dirigeants qui ont financé les mouvements les plus extrémistes aux quatre coins de la planète ?

Tous ces Saoudiens, Qataris, Iraniens qui financent l'islamisme depuis des décennies, n'ont-ils pas lu deux sourates du Coran ? Et enfin, le Syrien Abou Moussab Al-Souri, « le cerveau » qui a théorisé ce genre d'attentat, qui a fait ses études en France, n'a-t-il pas lu deux sourates du Coran ? Le fondateur de Daech, Abu Bakr Al-Baghdadi, n'a pas lu deux sourates du Coran ? Vous êtes le seul, monsieur le sociologue, à connaître le Coran ?

Les dirigeants des pays comme l'Iran ou l'Arabie Saoudite qui ont lu le Coran, quelles lois appliquent-ils dans leur pays ? Quels sont les modèles de société qu'ils préconisent ? N'exécutent-ils pas les blasphémateurs et les homosexuels ?

Et enfin, n'est-ce pas dans la charia iranienne que le sang des ennemis de l'islam – les *monafeghines*, les mécréants, les infidèles, les homosexuels… – est considéré comme *mahdourodam*, sang sans valeur, qui peut être versé sans aucun péché ? Comme le sang de ceux contre qui une fatwa est lancée. Je précise que notre sociologue, au moment des attentats du 11 Septembre, nous expliquait que ceux qui les avaient commis étaient des gens instruits et que le problème du terrorisme n'avait rien à voir avec le manque d'instruction. Depuis, il a changé d'avis. Comme d'ailleurs les terroristes eux-mêmes ont changé de méthode de recrutement.

Le problème n'est ni dans l'instruction, ni dans le manque d'instruction : qu'ils connaissent ou non deux sourates du Coran ne change rien à l'affaire. Mais le discours islamique tente toujours de brouiller les pistes, d'influencer la pensée des spécialistes occidentaux.

Le vrai problème, c'est que ces jeunes semblent ignorer que le Coran n'est pas tombé du ciel et qu'il a été écrit par des hommes à travers les siècles.

Le vrai problème, c'est qu'ils semblent ignorer que les dogmes de l'islam sont arbitraires et imposés par des hommes à d'autres hommes.

Le vrai problème, c'est qu'au lieu d'enseigner avec objectivité l'histoire des religions, on a laissé des imams et prédicateurs endoctriner les enfants, les adolescents.

Le vrai problème, c'est que certains jeunes musulmans se réfèrent à des dogmes islamiques, et non aux lois et aux valeurs de leur pays de naissance en Europe.

Le vrai problème, c'est que cette jeunesse ignore décidément qu'aucune religion n'a échappé à l'histoire des hommes et de leur époque, qu'aucune n'a été créée « ex nihilo » ; que l'islam s'est largement inspiré de ses prédécesseurs, le christianisme et le judaïsme, et que ces trois religions monothéistes se sont inspirées du zoroastrisme, la première religion monothéiste, dont les racines remontent pour certains historiens au troisième millénaire avant Jésus-Christ. Le zoroastrisme lui-même étant une refonte des polythéismes mazdéens…

Le vrai problème, c'est qu'ils ne savent pas faire la distinction entre les croyances et les faits.

Le vrai problème, c'est que nous avons non seulement en Europe des cellules dormantes, des djihadistes camouflés dispersés sur tout le continent, dont certains connaissent deux sourates du Coran et d'autres non, mais aussi des islamistes avisés, rusés et eux aussi camouflés, les lobbies des régimes qui ont soutenu l'islamisme et le terrorisme et commis eux-mêmes des actes terroristes.

Multiculturalisme ou multibarbarisme ?

Depuis quelques années, le beau mot de culture est associé tantôt au mot de civilisation, et prononcé avec respect, déférence, pour désigner la culture d'une nation, et tantôt avec une pointe d'agressivité revancharde qui distingue, à l'intérieur d'une nation, la culture communautaire. « C'est ma culture ! » ou « Ce n'est pas dans ma culture ! », avons-nous entendu souvent. La culture est alors invoquée comme un alibi, ou comme une revendication et un droit.

Lorsqu'on prononce le mot « culture », de quelle culture parle-t-on ?

Une culture, au sens anthropologique du terme, englobe la structure d'une société, ses institutions et toutes les manières d'y vivre. De la manière de s'habiller ou de manger jusqu'aux rapports hommes/femmes, aux rapports entre les générations, aux rapports sociaux ou aux croyances religieuses, des rituels de naissance aux rituels d'accession à l'âge adulte, des rituels de mort aux interdits alimentaires ou relationnels… tout y passe.

La colonisation et la conquête occidentales se sont souvent accompagnées d'une attaque des « cultures » locales considérées comme des superstitions, des traditions surannées, obsolètes, qui constituaient des freins à la modernisation. Qu'il s'agisse de la colonisation européenne en Afrique, en Asie, ou en Amérique et en Australie… Dans ce cas, c'est toute une population, toute une société qui était visée. En revanche, quand on parle par exemple de la « culture des jeunes », de la « culture des banlieues » ou de la « culture paysanne », on désigne une partie de la population tout en continuant à balayer large, comme si le seul fait d'être jeune, d'habiter la banlieue ou d'être paysan entraînait de soi des comportements déterminés.

Et c'est là que le bât blesse. Tout d'abord parce que la « culture » au sens anthropologique est totalisante. « C'est ma culture » : cette formule résume et symbolise le repli sur soi myope et borné. Comme si la culture était la prison virtuelle d'identités déterminées, figées à jamais. Des identités immuables. « Le blasphème n'est pas dans ma culture », a-t-on entendu dire certains dans les médias, après les attentats de *Charlie*. Dans ce sens, le mot « culture » illustre l'obéissance aux dogmes religieux et aux convenances traditionnelles. En général, les revendications : « c'est dans ma culture » ou « ce n'est pas dans ma culture » sont plutôt un signe d'inculture.

« Ma culture », je peux la vivre sans y avoir jamais pensé, sans m'interroger sur la place qu'elle assigne aux uns et aux autres, sans me rendre compte qu'elle m'assigne un destin que je n'ai pas choisi. « Ma culture », c'est mon refus entêté de voir plus loin que le bout de mon nez. C'est embrasser l'héritage ancestral totalement, pour le meilleur et pour le pire, sans jamais l'examiner, le critiquer, ou pourquoi pas, se révolter contre lui et même le rejeter. Je suis le produit de ma culture et ne serai jamais un autre, l'autre. Je porte ma culture sur moi, comme un label ou une marque. En ce sens, le Je n'est pas un autre, ou « mille autres », comme le disait le philosophe et psychanalyste J.B. Pontalis, mais le Je reste identique à Je et ne s'aventure jamais mentalement chez l'autre.

Le fait que certaines cultures aient été ignorées ou malmenées, notamment par les colonisateurs, ne devrait pas interdire de les examiner avec un œil critique.

Le multiculturalisme est souvent présenté comme une coexistence pacifique entre les diverses « communautés culturelles », comme une juxtaposition des cultures, des communautés à l'intérieur d'un pays. Et on a sous-estimé les aspects totalitaires des « communautés », des « cultures anthropologiques ». Par souci de la paix des ménages, on a fait habilement appel au « respect des différences », au « respect de l'autre », mais ce respect s'arrête à la frontière entre les différentes cultures, les différentes communautés : à l'intérieur de la communauté, les différences ne sont ni respectées ni tolérées. Ainsi un dénommé « musulman » qui ne ferait pas le ramadan, ne mangerait pas halal, ou qui défendrait le droit de critiquer les religions et leurs dogmes, serait le mauvais musulman pour les bons musulmans. Un apostat. Un blasphémateur ! Et il ne serait plus non plus un vrai musulman aux yeux des autres communautés.

Le multiculturalisme existant en Europe, au Canada et aux États-Unis juxtapose des formes d'enfermement communautaire contraires au souci de la liberté de penser par soi-même, qui questionne l'ordre établi et refuse, justement, l'asservissement à des normes collectives décrétées une fois pour toutes. Surtout ne pensez jamais par vous-même, surtout ne critiquez jamais vos ancêtres, surtout ne vous révoltez pas contre les dogmes, surtout ne vous révoltez pas contre votre « culture », acceptez tout ! Vous n'êtes pas autre chose que le produit de votre culture. Un musulman sera un musulman tel que sa communauté le détermine et tel que les autres, les non-musulmans, croient, pensent, fantasment qu'il doit être. Un musulman respectera les dogmes, pratiquera sa religion, ne mangera pas de porc, ne blasphémera pas parce que « ce n'est pas dans sa culture » et parce que « cela stigmatiserait sa communauté », une musulmane n'aura pas de relation sexuelle avant le mariage, parce que « cela déshonorerait sa communauté »… Au moindre écart de conduite, à la moindre différence avec les autres membres de la communauté, on intime au coupable de respecter « sa culture ».

Ainsi chacun est renvoyé à sa « culture ». Les juifs sont des juifs. Les Arabes des Arabes. Les musulmans des musulmans. Les Noirs des Noirs. Les Blancs, des Blancs… Et des phrases du genre : « J'ai des amis musulmans », « J'ai des amis noirs » deviennent des signes d'ouverture d'esprit !

En second lieu, si s'enfermer dans sa culture peut correspondre à une routine myope, à un manque d'imagination, à un conformisme paresseux, à l'obéissance aux convenances de sa communauté et au moralement confortable, ces habitudes dites « culturelles » peuvent se durcir, se radicaliser, changer de style à l'épreuve de l'histoire et devenir dogmatiques, puis idéologiques. Et c'est là que ça se gâte. Les mouvements totalitaires, comme le nazisme ou le communisme, ont toujours joué de l'alibi culturel pour défendre leurs « valeurs » et s'en prendre aux autres. Lorsque le modèle culturel se mue en idéologie prosélyte et expansionniste, en s'appuyant sur des stéréotypes et des préjugés de toutes sortes, il conduit aux pires barbaries. Cela rappelle ce qu'expliquait Hannah Arendt : ne pas penser par soi, c'est céder à la folie collective. À la banalité du mal. Par goût du conformisme. Par mimétisme. Par médiocrité. Par manque de courage. Par intérêt. Par arrivisme ou carriérisme. Par goût de l'obéissance. Par lâcheté, par peur.

« C'est ma culture ! », proclament les naïfs, et plus encore les naïves, qui, si ils ou elles la connaissaient vraiment et avaient un peu de bon sens, prendraient leurs jambes à leur cou pour lui échapper.

Les premiers ethnologues observaient les usages, la structure sociale, les modes de vie, « les mœurs » de ceux qu'ils étudiaient, et ils les décrivaient en s'abstenant de jugements de valeur, au nom de l'objectivité et du relativisme culturel. Malinowski, dont le travail se réclamait de l'observation objective, réservait à son journal ses jugements et ses réactions. Tout cela n'est plus de mise lorsqu'on s'exprime au nom des principes humanistes.

Il faut oser le dire haut et fort : toutes les cultures ne sont pas équivalentes. Les hauts murs des cultures abritent des comportements inadmissibles au regard des droits de l'être humain. Sous l'appellation neutre de « trait culturel », les ethnologues ont décrit des pratiques dont, pour certaines d'entre elles, on peut se réjouir qu'elles soient en voie de disparition, et s'indigner qu'elles soient toujours actuelles lorsque c'est le cas.

Une culture, au sens anthropologique, inclut le système juridique, qui s'est autonomisé en Occident, ce qui, dans de nombreuses « cultures », n'est pas le cas, comme dans la culture islamique où la charia fait office de loi.

La place de la femme dans la société ainsi que le rapport hommes/femmes structurent toute société. La représentation du corps féminin et la place de la femme dans la société font partie de la culture au sens anthropologique et, de ce point de vue, on ne s'étonnera pas de trouver des conceptions diverses, mais qui consacrent toutes, d'une manière ou d'une autre, de façon plus ou moins spectaculaire, l'infériorité de la femme et la domination des hommes. « Mon père m'a éduquée comme un garçon. Je me suis vécue comme un garçon » est la phrase type prononcée par des femmes orientales émancipées du carcan culturel pour illustrer le fait qu'elles n'ont pas eu l'éducation réservée aux filles orientales et musulmanes, qui les contraint et les brime sévèrement dès l'enfance.

En Iran, depuis l'instauration du régime islamique, une fille, dès neuf ans, est assez adulte pour être épousée ou exécutée ! Mais une femme, même à soixante ans, n'est pas assez adulte pour sortir de la tutelle masculine. Après des années de poudre aux yeux répandue par les « réformateurs » dans les médias iraniens, une loi a décrété qu'une fille ne peut être épousée qu'à l'âge de douze ans, mais, avec l'accord des parents, dès l'âge de neuf ans. Ce qui signifie très clairement que l'âge du mariage reste neuf ans. Car lorsqu'une fille est mariée à neuf ans, c'est toujours sur décision parentale. Et voilà comment les ayatollahs « réformateurs », après des années de pouvoir, parviennent à rester dans la droite ligne des plus conservateurs. Un tel mariage relèverait, en Occident, du crime de pédophilie. La référence à Mahomet, qui épousa Aïcha à l'âge de six ans et consomma son mariage quand elle eut neuf ans, est évoquée à l'appui de cette loi.

Ici même en Europe, en France, en Angleterre, aux Pays-Bas, en Allemagne, en Belgique, en Suède...nous le savons tous, des fillettes nées dans des familles musulmanes, encore mineures, ont été mariées de force, et beaucoup d'entre elles l'ont été lors des voyages d'été au bled, dans le pays de leurs parents. Aucun de ces centaines de milliers de « maris » n'a été inculpé dans les pays européens pour pédophilie, parce que, bien qu'elles soient nées en Europe, bien que françaises, anglaises, belges, suédoises..., ces gamines appartiennent d'abord à leur « culture » aux yeux de tous les intellectuels et hommes politiques qui ont passé des mois à débattre sur l'affaire Roman Polanski ou DSK. Notre ministre de l'Éducation, issue d'une famille maghrébine, ancienne ministre des Droits des femmes, chantre de l'abolition de la prostitution et de la théorie du genre, n'a jamais évoqué ces mariages forcés de mineures musulmanes qui concernent quelques dizaines de milliers de fillettes seulement en France.

Heureusement, il y a une acception noble du terme culture : la création culturelle, qui a pour premier mérite de décloisonner les cultures au sens anthropologique. L'invention culturelle perçoit ce qui peut s'arracher au quant-à-soi des cultures locales et se projeter dans l'histoire de l'humanité. Elle agit à la façon d'un révélateur car la création ne se résume pas à l'expérience et à l'histoire individuelle : elle fait son miel de la rencontre. Les exemples sont innombrables. Pensons au jazz, né techniquement de la rencontre entre les rythmes africains et les chants religieux protestants, dont la diffusion planétaire a fait un événement artistique majeur de l'humanité.

Les créateurs artistiques et littéraires en tous domaines ont toujours su puiser aux sources vives des cultures locales et des cultures lointaines. Prenons le cas des influences orientales sur l'art et la littérature occidentales.

La poésie française du XVIIe siècle doit beaucoup aux récits des voyageurs occidentaux et aux sources orientales révélées par les nombreuses traductions de l'époque. Les fables de La Fontaine, entre autres, se sont inspirées de ces sources et notamment du recueil irano-indien *Kellilé et Démené*. La Fontaine reconnaît ses dettes :

« *Truchement de peuples divers*
Je les faisais servir d'acteurs en mon ouvrage
Car tout parle dans l'univers »

Au XIXe siècle, les écrivains et poètes français, de Chateaubriand à Nerval et Rimbaud, ont voyagé en Orient, et il a influencé leur œuvre.

Ce que l'on désigne parfois par l'expression « contact culturel » passe par le truchement d'individus qui ont l'insigne mérite de combler le fossé entre création individuelle et culture collective. Le rôle des traductions et des traducteurs est essentiel car il apporte la preuve que nulle culture n'est absolument impénétrable aux autres, que les cultures ne sont pas étanches les unes aux autres : « … tout parle dans l'univers ».

En règle générale, tout contact culturel, toute diffusion culturelle passe par des créations individuelles. La création culturelle en poésie, littérature, philosophie, musique, théâtre, peinture, architecture ou gastronomie est la chance, la promesse et la gloire des cultures au sens anthropologique du terme. Que resterait-il de la France sans Rabelais, Montaigne, Montesquieu, La Fontaine, Voltaire, Diderot, Rousseau, Balzac, Victor Hugo, Baudelaire… pour en rester au domaine de l'écriture ?

Nous sommes alors aux antipodes du « multiculturalisme », nous sommes dans le « transculturalisme » : la traversée, la croisée, la rencontre des cultures et de la culture.

J'adore ce magnifique proverbe juif qui dit « Ne demande pas ton chemin, tu risquerais de ne pas te perdre ».

Il faut apprendre à se perdre dans d'autres cultures, dans mille et une autres cultures, pour pouvoir créer sa propre culture, pour pouvoir se retrouver.

L'islam et l'idéologie islamique

Il est essentiel de savoir distinguer l'islam comme objet de la foi musulmane et l'islam en tant qu'idéologie. En quoi se distinguent-ils ? De quoi est faite l'idéologie islamique ? Sur quoi repose-t-elle ? Quels sont ses fondements ?

Voici les cinq piliers de l'islam connus de tous et reconnus par tous :

1) La profession de foi : Allah est unique et Mahomet est son prophète.

2) La prière : les sunnites la font cinq fois par jour, les chiites trois fois.

3) *Zakât*, l'aumône obligatoire.

Depuis le temps qu'on nous parle de l'islam et du Coran, jamais *Zakât*, le troisième pilier de l'islam, et son importance cruciale n'ont été mises en avant par aucun propagandiste de l'idéologie islamique ! Si *Zakât* avait été pratiqué, il n'y aurait eu ni millionnaires, ni milliardaires musulmans, ni musulmans indigents et pauvres dans le monde.

4) Le jeûne du mois de ramadan. On peut en être dispensé pour raisons de santé.

5) Le *hajj*. Le pèlerinage à La Mecque.

On peut en être dispensé si on manque de moyens financiers.

Le respect de ces cinq prescriptions suffit à faire un bon musulman pratiquant.

Dès que le régime khomeiniste s'est instauré en 1979, en Iran, les ayatollahs ont ajouté cinq nouveaux piliers à l'édifice islamique pour réislamiser des Iraniens qui étaient devenus de mauvais musulmans durant le régime Pahlavi (1924-1979) et pour assurer le maintien de leur système politique.

1) *Vélayate é Faghih* : la tutelle du représentant du prophète sur les musulmans du monde en attendant la venue du dernier imam caché. Pure invention des ayatollahs chiites pour légitimer leur dictature expansionniste. Ici, en Occident, le *Vélayate é Faghih* est connu sous le nom de Guide suprême de la révolution, incarné par Khomeiny, puis à sa mort, par Khamenei.

2) Le *djihad* : Khomeiny, le premier guide, le premier *Vélayate é Faghih*, n'avait que ça à la bouche.

3) *Amré bé marouf* : imposer la morale islamique : le Bien. Une des charges de la police des mœurs dans les rues, les *Bassidji*, les comités

islamiques de quartier, et des associations islamiques tentaculaires créées par le régime dans toutes les institutions. Cette tâche incombe aussi au ministère de *Ershad*. Le ministère qui montre, éclaire « la voie islamique ». Ce ministère est un des organes de surveillance et de censure, notamment dans le domaine de la création artistique.

4) *Nahi zé monkar* : interdire ce qui est contre la morale islamique. Empêcher le Mal. Toujours à la charge des mêmes institutions. Le ministère du Renseignement et de la Sécurité du pays, le fameux *Vevak*, version mille fois aggravée de la *Savak* (police secrète du Chah), dissuade très « activement » les Iraniens de sortir du « droit chemin ».

Ces deux piliers et *Tablig*, le prosélytisme, constituent le djihad *Sazandegui*, le djihad constructif, le djihad pacifique, permanent, qui vise à contrôler la purification de la société en éliminant les éventuels éléments subversifs. Dans la réalité, les méthodes les plus dures et les plus efficaces comme emprisonner, torturer, exécuter sont pratiquées. Les assassinats clandestins de *Vevak* ne figurent pas sur les statistiques officielles déjà accablantes du régime.

5) *Khoms* : pour faire bonne mesure, ils ont ajouté *khoms*, payer un cinquième de son revenu en aumône supplémentaire à *Zakât*. Ni *Zakât* ni *khoms* ne sont pratiqués en Iran !

Voyons maintenant ce qui a été mis en avant par l'idéologie islamique conquérante en Europe. Depuis plus de trente ans, des idéologues et des sociologues, anthropologues, politologues musulmans, des imams, des islamologues et des prédicateurs nous vendent en France et en Europe, sous le terme d'islam, l'idéologie islamique.

Jusqu'en 1978, les musulmans vivaient leur foi individuellement, à l'intérieur de la famille, sans désir de conquête, sans zèle prosélyte... sans nulle volonté de faire le djihad. Sans la volonté de répandre l'islam en Europe. C'était l'époque où, en Tunisie, en Iran, en Égypte, en Irak..., sous des régimes plus au moins laïques, les musulmans étaient, pour la plupart, musulmans comme les chrétiens étaient chrétiens. Les mosquées n'étaient fréquentées que pour les cérémonies de deuil. On ne se mariait jamais dans une mosquée. À l'opposé de l'église, la mosquée n'est jamais un lieu de célébration de la joie. L'islam s'était plié au sécularisme de son époque, ce qui, dans les années 1960, a été très mal vu par les extrémistes, comme Khomeiny en Iran ou les Frères musulmans en Égypte, qui étaient très proches dès les années 1920 – malgré la division chiites/sunnites –, ainsi que par les idéologues iraniens qui qualifiaient les musulmans de l'époque de *Garbzadeh*, « occidentalisés ». Le terme *Garbzadegui* est construit en persan sur le modèle d'*Aftabzadegui*, l'insolation. À l'instar de quelqu'un qui, sans aucune protection, s'est exposé longuement au soleil et a pris un grand coup de chaud, *Garbzadeh* désigne les musulmans qui, sans aucune protection, se sont exposés à l'Occident impie, ont pris un grand coup d'Occident et sont devenus des *Garbzadeh*, des occidentalisés. Il existe toute une littérature idéologique sur ce sujet en persan, notamment les livres d'Ali Shariati, fils d'un mollah prédicateur, islamologue qui a fait sa thèse à Paris dans les années 1960 et qui fut l'un des premiers à fustiger l'influence néfaste de l'Occident sur les pays musulmans. Il était sociologue, islamologue et surtout un des idéologues les plus connus de la « révolution » islamique iranienne. Dans les années 1980, juste après l'instauration du régime khomeiniste, être *Garbzadeh*, occidentalisé, a constitué un délit, un crime.

« Nous exporterons l'islam au monde entier ! » « *Mâ islam ra bé donya sader khahim kard !* », martelait Khomeiny.

Pour exporter cette idéologie expansionniste institutionnalisée en Iran, il fallait des concepts, des méthodes, des moyens, afin de réislamiser, avant qu'il ne fût trop tard, les mauvais musulmans du monde, au premier rang desquels ceux qui vivaient dans les pays occidentaux, dont les descendants risquaient d'être irrémédiablement absorbés par l'Occident impie.

Le premier objectif en Occident était donc la récupération des générations issues de l'immigration. Pour cela, il fallait d'abord un discours intellectuel visant à reconstruire et légitimer un islam revendicatif, offensif, conquérant, un islam tout neuf qui idéologise, réactualise les dogmes les plus moyenâgeux tombés en désuétude, même dans la plupart des villages retirés des pays musulmans, pour les opposer aux valeurs dites occidentales. Un islam global, englobant et totalitaire. Un islam qui exige de chaque musulman qu'il affirme son identité musulmane conçue comme foncièrement antioccidentale.

Si je me réfère souvent dans ce livre à l'Iran, c'est que l'idéologisation de l'islam a été pensée, conceptualisée et, sur le plan pragmatique, expérimentée par le régime iranien qui a su séduire, très rapidement, un bon nombre de musulmans sunnites à travers le monde.

N'en déplaise aux wahhabites, aux salafistes, aux fondamentalistes et autres extrémistes sunnites, le cerveau de l'idéologie islamique est en Iran. En novembre 1979, lorsque le régime islamique de Téhéran, au mépris de toutes les lois internationales, prenait d'assaut l'ambassade des États-Unis à Téhéran – ce qui avait épaté tous les extrémistes du monde – ou collaborait activement dans les années 1980 à la création du Hezbollah chiite au Liban, du mouvement Ennahdha sunnite en Tunisie, du Hamas sunnite en Palestine, tout en aidant les Frères musulmans en Égypte, ou encore commanditait des assassinats, des attentats au Liban et à Paris (en 1986, au moment des attentats, les dirigeants français avaient dit aussi : nous sommes en guerre), les plus ardents des Saoudiens luttaient aux côtés de l'armée américaine en Afghanistan contre l'armée soviétique. À l'époque, même Ben Laden n'était pas encore Ben Laden, les talibans n'étaient que de braves soldats luttant contre le communisme.

Le Hezbollah n'est pas né au Liban, mais en Iran. Les fervents de Khomeiny scandaient dès son arrivée : « *Hezb faghat Hezbollah Rahbar faghat Rouhaollah.* » *Hezb* signifie parti politique. « Un seul Parti, le parti d'Allah et un seul Guide, l'âme d'Allah. » *Ruhollah* était le prénom de Khomeiny et signifie littéralement en persan « l'âme d'Allah ». N'est-ce pas beau ? Hezbollah était au départ le nom du parti politique de Khomeiny et il a été transplanté au cœur des chiites libanais.

Il est vrai que, depuis une vingtaine d'années, les Saoudiens, les Qataris, les extrémistes sunnites de tout poil ont essayé de contrer l'influence des ayatollahs chiites qui avaient mis la main sur les fanatiques sunnites. Le modèle de Ennahdha, du Hamas, des Frères musulmans et, dans les années 1990, du GIA algérien n'était pas le royaume saoudien, mais le régime iranien qui les soutenait et les finançait. Le modèle des gamins nés dans les familles musulmanes en France, en Europe, comme de ceux des pays arabes, était Khomeiny qui avait lancé une fatwa contre Salman Rushdie. L'idéologie islamique mondiale qui se répand en Europe, en Afrique, en Amérique, en Australie, au Canada a été pensée, conceptualisée et étatisée en Iran dès 1979, il y a maintenant trente-sept ans.

Après les piliers de l'*islam*, voici ceux de l'*idéologie* islamique.

1) Revoiler les femmes.

2) Favoriser, encourager l'identification des jeunes musulmans européens aux frères palestiniens dans le but de faire naître un nouvel antisémitisme chez les jeunes musulmans européens.

3) Lancer des fatwas : condamner les « apostats » et les blasphémateurs.

4) Faire du prosélytisme et incriminer les islamophobes !

5) *Amré bé marouf* : imposer la morale islamique.

6) *Nahi zé monkar* : interdire ce qui est contraire à la morale islamique.

7) Répandre le halal.

8) Répandre les prières collectives. Encourager la construction de mosquées et la formation d'imams.

9) Raviver l'image de l'Oumma. Encourager l'adhésion à l'Oumma, la communauté musulmane mondiale.

10) Faire le djihad souterrain et pacifique, ou guerrier, si nécessaire.

À part le premier pilier, le voile, l'ordre des autres piliers n'est pas garanti : d'une circonstance à l'autre, d'un pays à l'autre, il peut varier.

Plusieurs de ces piliers, comme revoiler les femmes, répandre les prières collectives dans les lieux publics, *Amré bé marouf* et *Nahi zé monkar*, construire des mosquées, raviver l'image de l'Oumma, l'identification aux frères palestiniens… ont été utilisés en Iran dès l'avènement du régime islamique.

Le processus d'islamisation ou plutôt de réislamisation est le même dans les pays musulmans et dans les pays occidentaux et surtout européens ; puisqu'il vise avant tout la population dite musulmane. En Europe, les islamistes avancent plus lentement, mais de façon plus spectaculaire puisque le voile, les enseignes halal, la prière collective… interpellent, provoquent, choquent beaucoup d'Européens. Par exemple lorsqu'un islamiste dit à la télévision : « Je ne serre pas la main aux femmes », en présence de la ministre de l'Éducation nationale qui ne trouve rien à dire et dont les yeux ne cessent de papillonner devant la caméra qui cherche à capter son regard, la France est choquée, à juste titre. Alors que dans un pays musulman cette phrase ne choquerait pas car, en règle générale, femmes et hommes ne se serrent pas la main.

Il est important de souligner quand même l'énormité de la chose. Un homme, en 2016, en France, pays de la galanterie, revendique publiquement, à la télévision, son refus de serrer la main d'une femme et ça passe comme une lettre à la poste ! Si quelqu'un disait devant un ministre : je refuse de serrer la main à un juif, à un musulman, à un Noir, à un Arabe, à un homosexuel… il serait inculpé pour racisme. Pour haine raciale. Mais refuser de serrer la main d'une femme, parce que femme, ça passe : c'est sa religion. Les femmes n'ont qu'à ne pas être que des femmes !

Et les femmes n'ont qu'à supporter les humiliations et les violences qui banalisent l'apartheid sexuel sans réagir. La violence est l'affaire des hommes. Comme la guerre. Comme la religion.

Comme la loi. La femme n'a pas droit à la violence. La femme est cantonnée dans les vertus féminines. Une femme violente, même verbalement, serait, tout au plus, hystérique.

Voilez les femmes !

Que cache, que signifie, que diffuse ce bout de tissu posé sur la tête des femmes ?

Pourquoi était-il indispensable de revoiler des femmes pour amorcer la réislamisation des musulmans occidentalisés ?

Pourquoi le voile est-il le premier pilier de l'idéologie islamique ?

Pourquoi en Iran, dès l'instauration du régime islamique, une armée paramilitaire, kalachnikov à l'épaule, a-t-elle été engagée pour obliger toutes les femmes, toutes les adolescentes à se voiler ?

Avant de répondre à ces questions, un petit rappel.

En 2004, la loi sur l'interdiction des signes religieux ostentatoires à l'école a été promulguée. À l'époque, Jacques Chirac, président de la République, et Bernard Stasi, qui présidait la commission de réflexion sur l'application du principe de laïcité, m'avaient confié que mon analyse du voile et mon audition, ainsi que celle des jeunes filles musulmanes non voilées, avaient joué un rôle important dans leur décision. Ces jeunes filles avaient dénoncé dans leurs témoignages les pressions exercées par certains hommes de leur quartier et parfois même par leur famille ; elles avaient affirmé que, si l'on autorisait le voile à l'école, les hommes de leur quartier les obligeraient toutes à le porter : « Le voile est autorisé, tu ne le portes pas parce que tu es une pute, on va te dresser... »

Certains membres de la commission défendaient à l'époque l'idée que le voile était « une prescription religieuse sans grande importance et un signe religieux de l'islam modéré, de l'islam républicain ».

Je leur avais dit au cours de mon audition qu'ils devaient se demander pourquoi on voilait les femmes, les adolescentes. Le voile, avais-je expliqué, n'était en rien un signe religieux comme la croix ou la main de Fatima que filles et garçons pouvaient porter autour du cou. Et je leur avais demandé : si l'islam modéré veut voiler les femmes, alors que fera l'islamisme ? J'avais souligné aussi la nécessité de désacraliser les dogmes islamiques. J'avais expliqué que le voile des mineures relevait de la maltraitance à leur endroit et que, à ce titre, il devait être purement et simplement interdit.

Plus tard, le jour de la conférence de presse, je m'étais permis de dire au président Chirac, lorsque je l'avais vu trois minutes, que la loi ne servirait pas à grand-chose car les écoles coraniques allaient se multiplier.

Où en sommes-nous aujourd'hui, treize ans plus tard, après des carnages spectaculaires au nom de l'islam ?

Depuis quelques années, des enseignants m'ont souvent demandé : « Que puis-je répondre à des jeunes filles qui portent le voile et me disent : "C'est mon choix" ou : "C'est ma façon de m'émanciper" ? »

Effectivement, face à « c'est mon libre choix » ou face à « je m'émancipe par le voile », les profs restent sans arguments. J'ai été amenée à y réfléchir.

Certains disent que la loi interdisant les signes religieux ostentatoires à l'école était une erreur, car ce n'est pas par la loi et par les interdits qu'on réglera le problème... Dans ce cas, si ce n'est pas la loi qui fonde toute société, abolissons toutes nos lois ! Il n'y a pas de droit sans lois. Les lois ont le mérite de circonscrire les limites du droit. Encore faut-il qu'elles soient justes.

Si ce n'est pas par l'interdit qu'on fixe des limites à ce qui est autorisé, alors brisons tous les interdits : autorisons le vol, le viol, le cambriolage, la vente d'héroïne...

D'autres ont avancé que cette loi n'a servi à rien. Effectivement, si on interdit, par exemple, l'héroïne, alors qu'elle se vend à chaque coin de rue, l'interdire sera sans conséquence. Or on a interdit le voile à l'école, mais l'idéologie islamique qui l'a créé, soutenu, défendu, est distribuée gratuitement matin/midi/soir à chaque coin de rue dans certains quartiers, sur Internet, sur des dizaines de chaînes de télé...

Quelques-uns ont avancé que cette loi était une atteinte à la liberté individuelle. La démocratie signifie-t-elle des libertés individuelles sans limites ? Dans ce cas, s'il vous plaît, laissons chacun libre de se mettre à poil, ou de se masturber quand ça lui chante en plein jour dans un lieu public, il n'y a pas d'acte plus individuel que celui-là !

Et enfin les plus hostiles à cette loi ont répandu auprès d'artistes, personnalités politiques et intellectuels... l'idée que cette loi était responsable de beaucoup de problèmes et de crispations communautaires et religieuses, y compris du terrorisme ! Parmi lesquels on trouve quelques Iraniens médiatiquement connus. Barack Obama aussi était hostile à cette loi française : dans son discours au Caire, en 2009, il a proclamé que le voile était une liberté religieuse et que quiconque empêcherait les femmes de porter le voile aux

États-Unis serait puni par la loi ! Pour donner le bon exemple au monde, il a nommé dès son élection, en 2008, une femme voilée comme conseillère des affaires musulmanes à la Maison Blanche. Et les féministes démocrates ont applaudi Obama !

Les critiques malveillantes de la loi de mars 2004 ont abouti finalement à un rapport sur la politique d'intégration française, commandé par le gouvernement de Jean-Marc Ayrault en 2012 et publié en décembre 2013, qui suggérait de revenir sur l'interdiction du port du voile dans les écoles, au nom d'une « laïcité inclusive », d'une « laïcité commune ».

Quoi qu'il en soit, on constate que depuis l'élection de François Hollande, l'offensive islamiste est devenue spectaculaire. La laïcité a été mise en cause, alors même qu'il avait fait du respect de la laïcité une de ses promesses électorales. Encore une fois, il nous a été prouvé que les promesses en politique ne concernent que ceux qui y croient.

Toute personne de bonne foi reconnaîtra que, si cette loi n'avait pas été promulguée en 2004, aujourd'hui, douze ans plus tard, des centaines, peut-être des milliers d'écoles, de collèges, de lycées à travers la France seraient devenus des institutions islamiques où les lois de la République auraient été jetées aux oubliettes.

Parmi les premiers fervents défenseurs de la liberté des gamines à porter le voile dans les écoles, bien avant 2003, il y a le même sociologue iranien, Khosrokhavar, homme de terrain, connu en Europe mais aussi aux États-Unis, comme spécialiste de l'islamisme, de la radicalisation… Il est devenu le maître à penser d'un bon nombre d'intellectuels, d'universitaires et d'hommes politiques en matière d'islamisme. Dans un article publié dans *Le Monde* le 31 juillet 2009, au moment où la loi contre la burqa était en gestation, il faisait valoir, entre autres, que la loi de 2004 avait eu pour conséquence de « délégitimer » le voile dans les lieux publics et même dans la rue. Il déplorait : « … des femmes portant le voile et revendiquant leur modernité ont, en grande partie, déserté la France où leur vie religieuse et professionnelle devenait infernale ».

Il imputait habilement l'apparition de la burqa à la loi de 2004 qui a poussé certaines femmes musulmanes fondamentalistes radicales à porter la burqa. Il continuait son plaidoyer pour le voile en disant que les femmes voilées auraient pu servir de médiatrices entre les femmes en burqa et la République. Il nous mettait en garde contre une loi interdisant la burqa (…) : « La communauté musulmane dans son immense majorité, même si elle rejette la burqa, se sent malmenée par une éventuelle nouvelle loi qui la désignerait derechef comme “communauté déviante” (...). On rendra délictueux le port de la burqa et, en cas de récidive, il sera criminalisé. Dès lors, non seulement les musulmans de France, mais aussi ceux des pays musulmans, crieront sus à une France islamophobe, à l’unisson des démocrates et des libéraux d’autres pays occidentaux qui y verront une nouvelle marque de l’arrogance et de l’outrance franchouillardes. » Bien qu’iranien, bien que chiite, il est le porte-parole de la communauté musulmane sunnite en France. Et il concluait : « Au lieu d’une nouvelle loi, il faudrait accroître les capacités de dialogue des communautés musulmanes de France en réaffirmant solennellement la liberté du port des symboles religieux dans l’espace public et en dissociant l’interdiction du foulard à l’école publique de sa délégitimation dans le monde externe. Il faudra reconnaître le particularisme individuel des musulmans pour combattre le particularisme à caractère hyper-fondamentaliste des groupes sectaires. »

Khosrokhavar œuvre pour un islam sans frontière. Pour les lois islamiques sans entrave. Il rêve en somme d’une France où le dialogue et le débat n’auraient lieu qu’entre islamistes modérés et islamistes conservateurs, comme en Iran. Dans son article, il cite élogieusement la politique britannique. En Angleterre, aucune loi n’existe contre les signes religieux ostentatoires, le voile est admis dans les écoles, il n'est « délégitimé » nulle part, dans aucune institution, il existe même des policières voilées, des magasins de mode islamique, et pourtant la burqa y fait des ravages, y compris dans les écoles. Les femmes au visage couvert arpentant les rues sont plus nombreuses qu'en France, alors que la population musulmane y est moins nombreuse que chez nous. Quand on pense que ce genre de pompiers pyromanes a influencé nombre d'intellectuels et qu'ils sont sollicités par les politiques afin de trouver des solutions, on ne s'étonnera pas que l'islamisme ait progressé.

On revient, sans cesse, au même discours : soit vous acceptez l'islamisation douce de la société et de votre système d'éducation, soit vous aurez affaire aux plus extrémistes. Tout cela s'apparente à une intimidation proche du chantage.

On nous répète que les nouvelles voilées sont éduquées, universitaires, en France, en Europe, aux États-Unis. Il existe aussi des femmes éduquées, universitaires, en Arabie Saoudite et en Iran. Mais on nous assène que le voile des musulmanes universitaires en Occident n'aurait rien d'archaïque et ne correspondrait en rien au voile intégriste/islamique dans les pays musulmans, comme d'ailleurs on nous répète que le nouveau terrorisme, que l'islamisme... n'ont rien à voir avec l'islam. Bientôt l'islam lui-même n'aura rien à voir avec l'islam ! L'Inquisition non plus n'avait-elle rien à voir avec le christianisme ?

Certains, comme Malek Chebel, avaient dit dès 2003 : je suis contre le voile mais pas contre les femmes voilées. La phrase a été reprise par les plagiaires de service. La répétition de phrases dénuées de sens est devenue une mode. Le voile est voile islamique parce qu'il est porté par les femmes sur la tête. Il n'existe comme tel que parce que des femmes le portent, qu'il soit foulard ou burqa. Sans les femmes qui le portent, il serait tout au plus un chiffon, un torchon, une nappe, bref un morceau de tissu. Êtes-vous contre le tissu ? Contre le chiffon ou le torchon ? Par quel subterfuge parvenez-vous à définir un simple bout de tissu comme voile islamique tant que les femmes ne le portent pas sévèrement sur la tête ?

Le discours islamique a été si sournois qu'il nous a empêchés de raisonner clairement. Dans les médias, des sociologues et des spécialistes en tout genre nous expliquent que les motivations des filles voilées sont diverses.

Examinons de près les motivations de ces jeunes femmes. On aura tour à tour tout entendu depuis plus de vingt ans : « Le voile est ma religion. » « Le voile est ma culture. » « Le voile est ma spiritualité. » Ces trois affirmations reviennent au même. « Le voile est ma pudeur. » Ce qui signifie que toute femme sans voile est sans pudeur. « Le voile est l'affirmation de soi. » « Je me suis émancipée par le voile. » « Le voile est mon choix. » « Le voile est mon identité. »

Comme si l'identité musulmane était une identité compressée qui ne devait surtout pas dépasser du tissu qui l'englobe !

Je veux bien croire toutes ces jeunes femmes, alors même qu'aucune d'entre elles ne s'explique. Elles répètent leurs phrases comme on scande des slogans. Par exemple « s'émanciper par le voile », mais de quoi s'il vous plaît ? De quoi vous êtes-vous émancipées en mettant un chiffon sur vos têtes ? La question n'est jamais posée à ces jeunes femmes et elles sont soulagées de ne pas avoir à y répondre.

Tous ces slogans, à l'identique, je les ai entendus en Iran. Dès 1980, des islamistes voilées nous inculquaient dans les écoles que le voile nous émancipait et nous protégeait de la décadence occidentale qui avait réduit les femmes à l'état de vulgaires objets publicitaires, que le voile libérait la femme du joug d'une société mercantile, que le voile était la pudeur de la femme, le respect de soi, la preuve de la spiritualité, de la vraie foi, que le voile était l'affirmation de l'identité musulmane..., nous avions droit à ces endoctrinements quotidiennement. Dans les années 1980, le même discours a été exporté en Europe à l'usage des jeunes musulmanes.

Comment un bout de tissu sur la tête peut-il permettre « l'affirmation de soi », comme notre sociologue iranien le prétend dans son article, en tant que femme, en tant qu'individu ? La question n'est jamais posée.

Toutes les voilées prétendent que le voile est leur « libre choix » et que de ce fait il n'a rien à voir avec le voile symbole de la répression des femmes dans les pays où il est obligatoire. Examinons cela.

« Le voile est mon choix », disent-elles. Soit. Affirmer que le voile est leur choix ne dit pas ce qu'est sa fonction.

Quelle est la fonction du voile ?

On peut dire que le voile, le foulard, que des femmes musulmanes portent sur la tête, sept jours sur sept, même en été, même par 40 degrés de chaleur, même au bord de la mer, est un tissu qui couvre la tête et a pour fonction de dissimuler leurs cheveux aux regards des hommes *nâmahram*, illicites (à part le père, les frères, le mari, les fils et les oncles, tous les hommes sont *nâmahram*, illicites). Est-ce cela ? Pas seulement. Pas vraiment.

Car, dans cette hypothèse, les femmes qui raseraient leurs cheveux n'auraient aucune raison de le porter dans les pays où il est obligatoire. Or, dans ces pays, toutes les femmes, même celles qui ont perdu leur chevelure, par exemple à cause d'un traitement de chimiothérapie, doivent le porter.

Le voile a donc pour fonction de dissimuler non seulement les cheveux, mais aussi la tête des femmes. Le voile circonscrit, délimite la tête des femmes. Mais bon sang, pourquoi ?

N'est-ce pas avec la tête qu'on pense ? Nul ne pense avec ses jambes, avec ses bras, avec ses seins. Nous pensons avec la tête, c'est avec la tête que nous réfléchissons, c'est avec la tête que nous décidons de notre vie. Est-ce que dans les pays musulmans comme l'Arabie Saoudite et l'Iran, où le voile est obligatoire, les femmes ont le droit de décider de leur vie ? Est-ce que les lois de ces pays les y autorisent ? Est-ce que les femmes dans ces pays ont les mêmes droits que les hommes ? Est-ce que dans ces pays la vie d'une femme est égale à celle d'un homme ? La réponse à toutes ces questions est non. Et ce n'est pas une opinion, mais un fait. Je ne parle pas de l'État islamique (Daech), de Boko Haram ou de tout autre mouvement djihadiste et terroriste, mais de pays officiellement reconnus par la communauté internationale.

Le voile signifie très clairement : Femmes, vous ne disposerez jamais de votre vie, encore moins de votre vie sexuelle, la loi vous l'interdit. Vous pouvez devenir médecin, ingénieur, mathématicien, mais vous resterez à jamais sous tutelle masculine.

Vous n'aurez jamais les mêmes droits face à la loi. C'est ça, en clair, ce que le voile transmet, ce que le voile diffuse, ce que le voile impose à tous : les femmes ne sont pas les égales des hommes face aux lois islamiques, face à la charia.

Mais qu'est-ce que ce voile ? Qu'est-ce que le voile, disons depuis les dix derniers siècles ? Historiquement. Anthropologiquement. Religieusement. Socialement. Politiquement. Juridiquement. Dix siècles, un millénaire, paraît une période suffisante et raisonnable pour établir et illustrer sa signification et sa portée.

Que signifie le voile ? Que symbolise le voile ?

Voiler une fille dès neuf ans, comme la charia l'impose, signifie qu'elle est nubile et peut être mariée et consommée sexuellement. Dans ce sens le voile transforme la mineure dès l'âge de neuf ans en objet sexuel, comme je l'ai expliqué dans *Bas les voiles !* À vrai dire, en Iran, elles sont voilées dès six ans dans les écoles, c'est l'âge prénubile.

Le voile instaure la séparation radicale de l'espace masculin et de l'espace féminin. Il circonscrit l'espace féminin. Il interdit tout contact physique anodin entre les deux sexes, y compris de se serrer la main.

Le voile matérialise l'apartheid sexuel.

Examinons la revendication suivante : le voile en Occident n'aurait rien à voir avec le voile imposé dans les pays musulmans où il symbolise depuis au moins un millénaire et encore aujourd'hui l'oppression des femmes. Là-bas, le voile symbolise le non-droit des femmes, mais en Occident, où il est le libre choix des jeunes femmes, il symboliserait tout au contraire leur liberté et leur émancipation. Soit.

La question que l'on doit se poser est la suivante : comment le voile en Occident, qui est apparu dans les années 1980 après l'instauration du régime islamique en Iran et a été défendu par des Iraniens proches du régime, par des Égyptiens, des Algériens, des Marocains, des Tunisiens, proches des Frères musulmans – car au départ, rappelons-nous, c'étaient des messieurs musulmans qui défendaient le droit des femmes et des mineures à porter le voile dans les écoles –, comment ce voile pourrait-il n'avoir rien à voir avec le voile dans les pays musulmans ?

Comment le voile, qui s'est répandu en Europe depuis que l'idéologie islamique et les mouvements islamistes de tout poil gagnent du terrain, pourrait-il n'avoir rien à voir avec les lois, les dogmes islamiques que ces mouvements veulent instaurer ?

Comment le libre choix des nouvelles voilées pourrait-il changer la signification, la portée idéologique et politique du voile, qui représente depuis des siècles et encore aujourd'hui le symbole du non-droit des femmes, le symbole qui autorise toute violence à l'endroit des femmes dans la plupart des pays musulmans ? Personne ne nous l'explique.

Choix ou non-choix, un pantalon, une jupe, une minijupe ne changent ni de nature ni de fonction en Europe, en Amérique ou dans des pays musulmans. À ceci près qu'une minijupe aura un effet provocateur beaucoup plus important dans un pays musulman, parce qu'elle n'y est pas très répandue et qu'elle peut choquer bon nombre de gens. En été, dans les pays musulmans, où il fait pourtant beaucoup plus chaud qu'en Suède ou en Allemagne, les jeunes femmes en robe d'été courte ou en bikini dans les parcs sont inexistantes. Le voile sur la tête des femmes en Europe, en Amérique, au Canada, en Australie, au Caire, en Iran, en Algérie, en Tunisie ne change ni de signification, ni de nature, ni de fonction, mais en Occident sa portée devient plus spectaculaire parce qu'il va à l'encontre de l'égalité des droits entre hommes et femmes et heurte la plupart des Occidentaux. La portée idéologique et politique du voile reste la même, mais comme la charia ne fait pas office de loi en Occident, le voile acquiert un caractère protestataire qui met en cause les lois républicaines, rejette le mode de vie occidental, accuse et condamne la liberté vestimentaire et sexuelle des femmes, alors que, dans les pays musulmans, il soutient et conforte les lois islamiques.

J'explique tout cela pour me faire entendre même de ceux et celles qui, avec mauvaise foi, établissent un parallèle entre le voile et la minijupe ou le string.

Aucun pays au monde, à ce jour, n'a obligé les femmes et les adolescentes, sous la menace des kalachnikovs, à porter minijupes ou strings. La question du voile n'a rien à voir avec la liberté de se vêtir. Le problème du voile n'est pas créé par la « laïcité à la française », comme voudraient le faire croire ceux qui accusent les « laïcards » ou les suivistes qui n'ont jamais su penser. Le voile met en cause les droits juridiques et moraux, les droits sociaux et sexuels des femmes. Le voile rejette l'égalité des droits hommes/femmes face à la loi, comme cela est le cas dans tous les pays musulmans qui appliquent la charia. La question du voile relève des droits des femmes, de la dignité des femmes comme êtres pensants.

Il ne suffit pas d'ôter le voile de la tête des femmes pour instaurer automatiquement l'égalité des droits hommes/femmes, oh non, mais avec le voile sur la tête des femmes, l'infériorité des droits du sexe féminin est diffusée, affichée, revendiquée et défendue publiquement.

Fermez les yeux et faites un effort d'imagination : imaginez toutes les femmes en Arabie Saoudite et en Iran sans voile, tête découverte, cheveux au vent, en robe d'été et même en maillot de bain sur les plages de la mer Caspienne ou du golfe Arabo-Persique. Que resterait-il de leur régime islamique ? Pas grand-chose en vérité. « Cachez ce sein que je ne saurais voir », dans *Tartuffe*, devient dans un régime islamique : « Cachez la femme que je ne saurais voir. » C'est sur la tête voilée des femmes qu'un régime islamique, totalitaire et théocratique se bâtit, en prenant en otage le corps des femmes. Le corps de toutes les femmes. Les femmes ne sont pas des Noirs, des juifs, des Arabes, ou n'importe quelle autre minorité, les femmes sont la moitié de l'humanité. En privant la moitié de sa population de ses droits, en ensevelissant la moitié de sa population sous le voile, en dérobant les femmes aux regards des hommes, le système islamique transmue la moitié de sa population en objet interdit, en Tabou Absolu, dont la transgression sera durement châtiée. Et en transformant la moitié de la population en Tabou, il contrôle les pulsions psychiques et libidinales de l'autre moitié : les hommes. Les hommes adultes demeurent infantilisés, éternels enfants, ou tout au plus préadolescents, dont la première préoccupation reste de surveiller le corps de leur mère, de leurs sœurs, femmes, filles, voire cousines… Le premier rôle de l'homme est de surveiller le corps tabou. Son honneur en dépend. Ainsi le corps de la femme devient un bien marchand qui appartient à son père, à son frère, à son mari, à ses fils, ou en absence du père, du frère ou du mari, à son oncle, aux hommes de sa communauté, aux hommes de l'Oumma, mais jamais à la femme qui habite ce corps. Femmes et hommes deviennent *nâmahram*, interdits, illicites, impurs, *haram* les uns pour les autres. Ainsi le système islamique exerce son emprise totalitaire sur le corps de tous, sur la vie privée de tous, sur la vie la plus intime de tous. Femmes et hommes sont réduits à leurs corps. Les corps sur lesquels doit régner la charia. Le corps, y compris celui des hommes, appartient d'abord au système islamique. Les hommes ont droit à quatre femmes, mais en cas d'adultère, selon la charia, ils seront lapidés comme les femmes. Les jeunes hommes célibataires, en cas de relation sexuelle, seront fouettés comme les filles…

Quelques femmes profs de lycée et d'université m'ont confié, parfois non sans embarras : « Moi, ça ne me dérange pas d'avoir des filles voilées dans ma classe à partir du moment où c'est leur libre choix. » Ces femmes seraient indignées si quelqu'un les imaginait portant elles-mêmes le voile. Mais pour les petites musulmanes, elles sont prêtes à faire preuve de « tolérance ».

Tout d'abord, comment peut-on savoir qu'il s'agit du libre choix et non de l'intimidation des hommes du quartier ou de la famille ? Si on autorise le voile dans les institutions, de quels arguments disposerons-nous pour combattre ceux qui l'imposeraient à leurs filles, sœurs, cousines, femmes ? Ce sera leur culture, leur religion. Ça relèvera de la responsabilité de leur communauté.

Autoriser le voile dans les universités aiderait puissamment à la création d'un véritable islam politique. La présence de plus en plus importante des voilées dans les universités serait le préalable à la création d'un parti politique musulman en France. Il faut le savoir, s'y attendre et, le moment venu, ne pas faire mine d'être scandalisé en s'exclamant : « Comment a-t-on pu en arriver là ? » En France, un parti politique musulman composé seulement de barbus ne passerait pas, mais avec des jeunes voilées, universitaires et diplômées, si. Ce serait moderne et progressiste !

Dire ou croire que le voile n'est qu'un bout de tissu est aussi naïf et insensé que de dire du drapeau d'un pays : ce n'est qu'un bout de tissu. Le drapeau français, nous en avons tous repris conscience après les attentats du 13 novembre, représentait la fierté d'être français, le lien entre les Français. Le drapeau à la devanture des magasins était le symbole de la nation française, de la France comme patrie à défendre. Ce bout de tissu bleu blanc rouge n'est pas n'importe quel bout de tissu, c'est le symbole de toute une nation qui partage la même histoire nationale, le même héritage national, les mêmes valeurs. Du moins ce qu'il en reste.

Eh bien, le voile, ce bout de tissu porté sur la tête des femmes, quelles qu'en soient la couleur, la longueur, a pour rôle et pour but de créer en Occident le lien entre islamistes algériens, marocains, iraniens, saoudiens, maliens, tchadiens, tunisiens, chiites, sunnites... salafistes, wahhabites, radicaux, modérés, fondamentalistes..., d'appeler les hommes musulmans à « défendre » le corps tabou des femmes. Le voile est le drapeau de l'idéologie islamique qui rassemble les islamistes de toute nationalité. Et il est beaucoup plus que le drapeau d'un pays. Il est le drapeau de l'Oumma : il n'est pas de meilleur symbole que la tête voilée des femmes pour représenter et créer le corps uni des musulmans. Le corps sacré de l'Oumma. Le voile crée, affiche l'identité musulmane antioccidentale. Une identité qui surpasse les identités nationales des musulmans.

Le voile symbolise la dichotomie des valeurs occidentales et islamiques, la dichotomie des repères, la dichotomie symbolique. La dichotomie structurelle du système démocratique et du système islamique. Il est une atteinte aux droits des femmes, à la dignité des femmes, comme êtres humains, comme êtres pensants. Le voile est le symbole de la charia, la charia qui s'empare du corps féminin. Il est le meilleur instrument de son prosélytisme. Ce n'est pas pour rien que les idéologues musulmans, les spécialistes de l'islam, les salafistes, les wahhabites, les Frères musulmans, les chiites ont défendu avec acharnement le droit de porter le voile islamique à l'école en France. Pourquoi tant de ferveur pour faire admettre des gamines voilées à l'école en 1989 ? Pourquoi ce ballon d'essai ? Les cheveux de deux gamines revêtaient-ils tant d'importance aux yeux des islamistes ? Pourquoi les islamistes du monde entier ont-ils manifesté contre la loi interdisant les signes religieux ostentatoires en France ? Pourquoi Al-Qaïda a-t-il menacé la France à cause de cette loi ? Alors que la France non seulement n'avait pas participé à la guerre d'Irak, et s'y était même très activement opposée. Cela devrait faire réfléchir Michel Onfray qui dit que le voile n'est pas un problème et qui impute les progrès de l'islamisme en Europe à l'intervention militaire de la France au Mali et dans d'autres pays musulmans. Beaucoup d'autres, de Boualem Sansal à Natacha Polony, dès qu'ils évoquent l'islamisme en France, tous, sans exception, pointent l'affaire du voile en 1989 et la faiblesse de Jospin. Et pourtant, beaucoup considèrent que le voile n'est qu'un bout de tissu et n'a pas un rôle essentiel dans le progrès de l'idéologie islamique.

Quel moyen, à votre avis, chers penseurs occidentaux, les islamistes auraient-ils pu utiliser pour introduire leur idéologie de manière visible, tangible, communicative, manifeste, propagandiste et prosélyte en France ? En Europe ? Eh bien, après avoir étudié trente ans l'idéologie et le système islamiques, je n'en vois pas de meilleur que le voile.

L'islam peut exister sans le voile. C'est l'islam des Lumières. Mais l'islamisme ne peut exister sans le voile !

Quand l'ignorance se prend pour la tolérance, la pensée démissionne.

La tête voilée des femmes, la transformation de la femme en objet tabou étaient indispensables pour transformer de jeunes Européens en islamistes.

Je ne dis pas que toutes les adolescentes ou jeunes femmes qui portent le voile le font dans ce but, ni qu'elles sont conscientes de l'idéologie dont elles sont l'instrument. Loin de là. Certaines le portent pour des raisons personnelles : rupture amoureuse difficile avec un Occidental, rencontre amoureuse avec un musulman fanatique ou avec un islamiste, crise d'adolescence, crise religieuse, ou juste par provocation, ou pour s'opposer à leurs parents... d'autres le portent sous la pression familiale, ou du fait d'une éducation dogmatique... Il existe aussi des crétines comme il existe des crétins. Et puis, certaines jeunes femmes, voilées ou non, parfois universitaires, sont des islamistes. Quoi qu'il en soit, choix ou non-choix ne change rien à la signification et à la portée du voile. Foulard, burqa ou burkini, il est aujourd'hui l'instrument de l'idéologie islamique. Et si certaines jeunes femmes ne sont pas conscientes d'être instrumentalisées par une idéologie qui les dépasse, être femme ne peut être une excuse en soi. Les femmes, disposant des mêmes droits que les hommes dans les sociétés occidentales, ne sont plus des victimes depuis quelques décennies. Et ce n'est pas en se penchant sur les motivations psychologiques/personnelles des uns et des autres que l'on peut comprendre la logique structurale d'un système politique et idéologique.

De multiples sondages indiquent que l'immense majorité des Français est contre le port du voile dans les lieux publics, y compris la rue. Comme si la sagesse populaire en percevait mieux les enjeux et les risques que certains intellectuels et politiques.

Pour lutter contre l'idéologie islamique qui endoctrine une partie de la jeunesse, il faut tout d'abord pouvoir identifier et démasquer le discours islamique. Le discours des loups déguisés en bergers. Des remèdes existent, et le premier est pédagogique. Il doit commencer dès l'école primaire, avant qu'il ne soit trop tard. Mais si on refuse de comprendre par quelles ruses les idéologues de l'islam, les prédicateurs, les islamistes s'en prennent à une partie de la jeunesse, la situation s'aggravera malgré la lutte contre le terrorisme.

En 2003, Jean-Marie Le Pen lui-même s'était montré très tolérant face aux femmes voilées en disant, dans son langage habituel, qu'il les préférait aux femmes aux cheveux gras et sales ! Quand on sait qu'un élu comme Robert Ménard était pour le droit de porter le voile dans les écoles et la burqa dans la rue, on peut s'interroger sur la « tolérance » de ceux qui sont favorables aux « signes ostentatoires dans les lieux publics ».

Fatwa : une arme politique redoutable

C'est Khomeiny qui mit les fatwas à la mode : Salman Rushdie en a été le premier bénéficiaire. Le but de Khomeiny était d'étendre son influence dans le monde sunnite. Bien que mollah chiite, il se voulait, comme son successeur aujourd'hui, Khamenei, le pape de tous les musulmans du monde. Effectivement la fatwa contre Salman Rushdie a rendu Khomeiny populaire parmi les islamistes du monde entier ainsi qu'auprès de la petite minorité d'islamistes naissants dans les années 1980 en France.

À propos de fatwas, mon grand-père maternel, grand commerçant de sucre, racontait une histoire qui ne manquait pas de sel. Les Iraniens, pauvres ou riches, boivent beaucoup de thé chaque jour, dans de petites tasses. Ils n'utilisent pas de sucre en poudre, mais du sucre en morceaux qu'ils trempent dans leur thé avant de le glisser dans un coin de la bouche. C'est la madeleine de Proust nationale des Iraniens. Au début du siècle dernier, à l'époque des Qajars, il y avait eu une grande pénurie de sucre en Iran. Le gouvernement, pour calmer la grogne du peuple, s'était adressé aux religieux. Du haut de leur sagesse, les ayatollahs avaient lancé une fatwa proclamant que tremper son sucre dans le thé était haram ! – l'opposée de halal –, donc illicite, interdit religieusement. Il est vrai que, tremper son morceau de sucre dans une petite tasse brûlante de son breuvage favori, puis le laisser fondre doucement dans le coin de la bouche, en buvant des gorgées de thé chaud et amer, procure une certaine volupté. Quoi qu'il en soit, du jour au lendemain de la fatwa, les Iraniens renoncèrent à ce plaisir et nul ne s'est plus jamais plaint de la pénurie de sucre. Quelques années plus tard, alors que les gens avaient pris l'habitude austère de boire leur thé sans sucre, le gouvernement, ne sachant comment relancer la consommation de sucre devenu abondant dans le commerce, s'adressa aux mêmes religieux qui décrétèrent une nouvelle fatwa affirmant que tremper son sucre dans le thé était redevenu halal ! Et jusqu'à ce jour il l'est resté.

C'est dire qu'une fatwa est une prescription religieuse sur un sujet bien particulier à propos duquel la charia ne s'est pas prononcée. Elle est rarement utilisée pour prescrire un meurtre. Et il n'y a jamais de récompense à la clé pour une fatwa. Car le musulman pratiquant ne fait qu'accomplir son devoir en lui obéissant.

La fatwa de Khomeiny contre Rushdie au départ ne promettait aucune récompense. Mais le régime iranien pratique de plus en plus un islam mafieux, et voilà que, à peine les sanctions levées, il devient généreux et met la main à la poche ; il dépense son argent et en fait bon usage : il augmente de 600 000 dollars la récompense pour la tête de Rushdie.

En lançant une fatwa internationale, chose qui n'existait pas, Khomeiny a transformé l'accusation de blasphème en une arme politique d'une efficacité redoutable pour répandre l'idéologie islamique dans le monde. Après le communisme, le maoïsme, le nazisme et le fascisme, nous sommes dans l'ère de l'islamisme.

Halal/haram

Les codes alimentaires ont toujours, à l'origine, correspondu à des prescriptions d'hygiène liées au climat et aux moyens rudimentaires de conservation, même si la distinction entre pur et impur a aussi été un moyen de classification à l'intérieur des sociétés et a même pu engendrer, avec une série d'interdits, l'équivalent d'un système politique.

Les Français, comme les autres Européens, n'ont a priori pas de problème avec la nourriture halal. Ils en mangent lors de leurs séjours dans les pays musulmans, et en France nous sommes amateurs de couscous. Ce n'est pas tant l'injonction de manger halal qui est importante, mais l'interdiction de manger haram. Manger haram, c'est mal, c'est un péché qui peut être réprimandé et puni. Ainsi sont instaurés, répandus et officiellement institutionnalisés, le Mal et le Bien religieux. Manger halal possède une plus-value « morale », puisque c'est un comportement dicté par une religion « respectée » par tous.

« Les Occidentaux parmi lesquels vous vivez mangent ce qui est interdit. Ils mangent haram et donc ils sont impurs, il faut vous en distinguer… », prêchent des imams au double et triple langage qui inculquent aux gamins musulmans de manger halal.

La hiérarchisation implicite croyants/non-croyants a un impact très lourd. À l'éducation dogmatique des imams une plus-value « morale » est accordée par rapport à l'éducation scolaire. La parole des imams influence beaucoup plus les enfants que la parole des instituteurs, des professeurs. Les imams ont un pouvoir symbolique incommensurable sur l'esprit malléable des plus jeunes.

Le halal ne s'applique pas seulement à la nourriture. Il s'applique également aux espaces réservés aux musulmans et interdits aux non-musulmans, à des enclaves urbaines comme celle de La Mecque ; en ce sens, il dénote la sacralité d'un lieu et son appartenance exclusive à l'islam.

Le haram, l'interdit, ce double nécessaire et maléfique du halal, s'applique à certaines nourritures, à l'alcool, à l'argent sale, mais aussi à la femme. La femme est haram, elle aussi, parce qu'elle est un bien appartenant aux hommes de sa famille et interdit aux regards des autres. Mais ce sont toutes les femmes musulmanes, en règle générale, qui sont haram pour les non-musulmans, le voile et la burqa symbolisant matériellement l'espace de ce bien réservé aux musulmans : « Si vous voulez nos femmes, convertissez-vous à l'islam. » Une femme voilée, c'est le signe de la progression de l'espace réservé à l'islam en terre non musulmane, c'est un signe de conquête.

Chaque femme voilée, dans cette perspective, est un étendard planté dans le sol de la République.

Il est intéressant de rappeler – et nul ne le fait – que dans les pays musulmans, Dar al-Islam, il n'existe pas d'enseignes halal, car tout est supposé l'être ; or, chacun de nous le sait, c'est loin d'être le cas. Tous les produits alimentaires importés sont haram, ne serait-ce que parce qu'ils ont été fabriqués par des non-croyants, par des impies, les *kafars,* et dans Dar al-Harb. Les plus fanatiques des musulmans consomment beaucoup de produits haram. Les armes qu'ils ont en main sont haram. Elles ont été fabriquées par les non-musulmans. Leurs téléphones portables sont haram, leurs ordinateurs sont haram, leurs télévisions sont haram... L'Internet qu'ils utilisent pour propager leur idéologie est haram... Ceux qui préconisent le halal ne consomment que du haram ! Nous comprenons mieux, dès lors, comment, derrière le souci d'afficher des enseignes halal ou de faire manger la nourriture halal dans les écoles, se cache une volonté autrement ambitieuse.

Le discours islamique, là encore, est pervers, insidieux et conquérant. Aucune querelle n'est vaine dans le projet islamique : la question des menus dans les cantines scolaires n'a été soulevée que pour faire prendre conscience aux musulmans de France d'un territoire à conquérir et à défendre. De même que le voile dans les universités. Ce sont les musulmans, en effet, qui sont visés en premier lieu par cette offensive. Il s'agit de les réislamiser par invitation ou intimidation, il faut que les musulmans rentrent dans le rang, reprennent leur place dans l'islam, convaincus de l'imminence de son triomphe, et que chaque musulman, tous les musulmans ensemble en multiplient les signes annonciateurs.

Amré bé marouf. Nahi ze monkar.
Ordonner le Bien et empêcher le Mal

Il est du devoir de chaque musulman de prescrire le « Bien » et d'empêcher le « Mal ».

En 1997, j'étais encore étudiante. À la cantine universitaire de Mabillon, à deux pas de Saint-Germain-des-Prés, je demande une côtelette – la serveuse maghrébine me signale, non sans reproche : « C'est du porc ! – Je sais. » Elle élève la voix, agressive : « T'es pas musulmane, toi ? – Je peux avoir ma côtelette, s'il vous plaît ? »

Quelques semaines plus tard, dans la même cantine, je demande la même côtelette, cette fois-ci c'est un serveur qui me fait la même remarque : « C'est du porc. » Sans prêter attention à sa remarque je lui dis : « Voulez-vous bien me servir, s'il vous plaît ? » Et il me reproche : « Tu n'es pas une musulmane, toi ? » Je finis par rétorquer : « Je vous emmerde. » C'est que je déteste le tutoiement inapproprié et que j'adore le porc.

On peut toujours penser que ce n'est pas grave. Mais ce genre de « prescription », ce genre d'intimidation, s'est généralisé et concerne d'autres domaines, notamment la tenue des filles, dans les cités et les banlieues où la population d'origine musulmane est nombreuse. Après le combat des féministes pour pouvoir ne pas porter la jupe et se mettre en pantalon, aujourd'hui porter une jupe est devenu problématique dans certains quartiers. Et comme toujours une plus-value morale est accordée à ce qui est prescrit par les dogmes islamiques qui défient les lois démocratiques : « Faire l'amour avant le mariage est mal et condamnable pour une fille musulmane », comme ça l'était, il y a un siècle en Europe. Celles qui avaient fauté étaient réprimandées par la société. Le Bien et le Mal religieux ne correspondent pas toujours au Bien et au Mal définis par les lois démocratiques.

Depuis des années, on a tous vu dans différentes émissions, face à différents responsables politiques, de gauche comme de droite, des musulmans pratiquants, un poil intégristes, se plaindre de ne pas pouvoir pratiquer librement leur religion sans subir l'effet d'un certain racisme.

Je me demande pourquoi dans les mêmes émissions, on ne fait jamais venir des femmes, musulmanes ou pas, habitant les mêmes quartiers, banlieues, cités, pour se plaindre face aux responsables politiques, de ne pas pouvoir vivre leur vie librement sans être harcelées par des musulmans intégristes. Sans pouvoir porter une robe légère en été, sans pouvoir boire un verre à la terrasse d'un café au mois de ramadan ou quand bon leur chante… Le droit à une vie libre aurait-il donc moins d'importance que le droit de pouvoir pratiquer les dogmes d'une religion ? Et cela arrive en France, dans ce pays de l'ultra-laïcité ?

En vingt-cinq ans de « djihad souterrain », en diffusant et en propageant le Mal et le Bien des lois islamiques en France et en Europe, au détriment des valeurs et des lois démocratiques, on a créé un environnement favorable à l'endoctrinement des enfants, des adolescents et des jeunes et cet environnement islamisé est le préalable indispensable à toute radicalisation. Avant la radicalisation, encore une fois, il y a l'islamisation.

À quand un protectorat sur certaines de nos banlieues et cités où la charia fera office de loi ? Où comme dans nombre de pays musulmans, boire et manger au mois de ramadan sera considéré comme un délit punissable par la loi… ?

Prière collective et *Allah Akbar* !

Quelles étaient les revendications des terroristes ? Ceux de *Charlie Hebdo*, ou ceux du 13 novembre ?

Les Brigades rouges en Italie avaient des revendications. Les indépendantistes basques, corses, comme tous les terroristes, ont des revendications.

Quelles sont les revendications de ceux qui ont commis les attentats du 7 janvier, du 13 novembre ? Quelles sont les revendications des centaines de jeunes susceptibles de passer à l'acte ?

Que veulent-ils ?

Quelles sont leurs revendications à part : *Allah Akbar*, Allah est grand ?

Que signifie cet *Allah Akbar* que clament à toute voix les terroristes, les djihadistes, les égorgeurs ?

En 2004, dans *Que pense Allah de l'Europe ?* j'avais distingué trois modalités d'*Allah Akbar*, l'invocation à Dieu.

1) Le *Allah Akbar* que chaque musulman pratiquant prononce plusieurs fois dans sa prière quotidienne et individuelle témoigne de sa croyance musulmane.

2) Le *Allah Akbar* diffusé par le haut-parleur des mosquées, ou dans les prières collectives, rappelle la société musulmane à la conscience d'elle-même ; cet *Allah Akbar* est social, collectif et non individuel. Cet *Allah Akbar* devient prosélyte et constitue un moyen d'intimidation à l'endroit des autres dès lors qu'il sort de l'enceinte des mosquées et envahit l'espace public, comme c'est le cas avec les prières de rue.

3) Enfin, le dernier *Allah Akbar*, comme slogan que l'on entend des foules musulmanes crier, est politique et conquérant. Il est l'une des armes utilisées par le système islamiste. Cet *Allah Akbar* veut signifier aux islamistes du monde que l'islamisme est en bonne voie, que l'islamisme progresse et que les islamistes sont sur le terrain en Europe.

C'est ce dernier *Allah Akbar* qui est crié à pleine gorge par les terroristes. Il revendique la préséance des lois d'Allah sur toutes les lois humaines. Cet *Allah Akbar* est inscrit sur le drapeau du régime islamique de l'Iran. Les terroristes, les égorgeurs lorsqu'ils crient *Allah Akbar* exigent que les lois d'Allah gouvernent les terres d'islam, Dar al-Islam. Et pour eux, toute terre où il y a des musulmans doit devenir terre d'islam. L'Europe, terre des mécréants, Dar al-Harb, où vivent déjà quelque vingt millions de musulmans, doit devenir Dar al-Islam, régie par les lois d'Allah. Voilà ce que revendiquent les terroristes par leur simple *Allah Akbar*. Ils se sacrifient pour que les dogmes et les lois islamiques triomphent sur terre.

Construction des mosquées, formation des imams

Financer ou ne pas financer des mosquées ? Former ou ne pas former des imams ? sont des questions qui préoccupent nos politiques à intervalle régulier, en règle générale à proximité de l'échéance présidentielle.

Ce n'est pas seulement dans les pays européens que de nouvelles mosquées sont érigées : dans les pays musulmans, où a priori il n'y a pas pénurie de mosquées, comme en Turquie, depuis que l'islamisme « modéré » est au pouvoir, elles poussent comme des champignons. Quant aux imams – en Iran on les appelle mollahs –, ils grouillent de partout. Ils se sont multipliés par cent, que dis-je, par mille. La dernière fois que je suis allée à Istanbul, il y a quelques années, j'ai été étonnée du nombre de femmes voilées et de nouveaux minarets. Dans les pays musulmans, la construction des mosquées, la multiplication du nombre d'imams et de femmes voilées sont le signe de l'islamisation, et ici, en Europe, il y a de bons esprits pour nous dire que plus il y aura de mosquées, plus il y aura d'imams, plus il y aura d'enseignes halal, plus il y aura de repas confessionnels dans les écoles, plus il y aura de voilées, moins il y aura d'islamisme. Qui pourra, qui voudra, croira.

Pour quelle raison dans ce pays « bouffeur de curés » s'est-on mis, tout d'un coup, à former ou à importer des imams ? C'est la question qu'il faut se poser. Qui sont ceux qui nous ont conseillé cette voie-là ? Il n'aurait rien manqué d'indispensable à une France sans imams. Souffririons-nous d'une pénurie d'imams ? Avions-nous un besoin urgent de former des imams pour qu'ils endoctrinent les illettrés qui abandonnaient les bancs de l'école ?

Chaque musulman lettré peut lire soi-même le Coran. Il n'existe pas de clergé dans l'islam comme dans le christianisme.

On peut être un bon musulman pratiquant sans avoir jamais consulté un imam de sa vie ou sans avoir jamais mis les pieds dans une mosquée. Aller à la mosquée ou consulter les imams ne fait pas partie des cinq piliers de l'islam. D'ailleurs, dans l'histoire de l'islam la construction des mosquées et la fabrication des imams sont tardives.

On ne cesse de débattre depuis des années sur la construction de mosquées en France et leur mode de financement ainsi que sur la formation des imams. Le financement étranger pose des problèmes évidents. La loi de 1905 en France interdit le financement public du culte. Problème !

Depuis 1970, le nombre de mosquées et de lieux de culte a été multiplié par 24. La vraie question à ce propos est : qui demande des mosquées ? Qui a un besoin d'imams ? D'où vient cette « urgence » ? Est-ce que ce ne sont pas des lobbies qui exercent leur pression et font peser une forme de chantage : « Si vous ne voulez pas de financement étranger, alors financez vous-même les lieux de culte... » ?

Depuis les attentats on a remis le problème sur le tapis tout en nous précisant que ça n'avait rien à voir avec le terrorisme.

Est-ce que nos dirigeants et les « spécialistes » qui les conseillent croient vraiment que si l'on construisait de belles mosquées avec des minarets et que l'on formait nos imams, le terrorisme et l'islamisme reculeraient ?

Faisons un petit état des lieux : on évalue en France à une centaine le nombre de mosquées clandestines où l'on prêche l'islamisme. Officiellement, il y a plus de 300 imams étrangers, originaires de Turquie, d'Algérie ou du Maroc, qui souvent ne parlent pas français.

La première conclusion est que les musulmans en France devraient faire un constat d'échec puisqu'ils n'ont pas été capables de trouver dans la communauté des croyants des esprits suffisamment sages et avisés pour devenir leurs imams.

La deuxième conclusion est que les musulmans de France ne souffrent pas d'une pénurie de mosquées, ou alors qu'ils ne sont pas suffisamment désireux de les fréquenter : sinon, ils auraient participé financièrement à leur construction.

Je pose alors la question suivante : en admettant, chers gouvernants, que vous réussissiez à former des imams français sensibles aux vertus de la laïcité et d'esprit républicain, comment pouvez-vous empêcher que vos ressortissants binationaux se radicalisent lors de leurs voyages, de leurs vacances en Algérie, au Maroc, en Tunisie, en Turquie, en Iran, au Mali… dans les mosquées et auprès des imams locaux ? Allez-vous aussi financer les mosquées au Maghreb, en Turquie, en Iran, au Liban… ? Allez-vous former les imams dans tous les pays musulmans d'où sont originaires nos binationaux ou leurs parents ? Car certains peuvent être radicalisés rapidement, en quelques semaines, comme ce semble être la mode actuelle. Ou allez-vous interdire aux binationaux musulmans de retourner dans un pays musulman ? Comment peut-on croire qu'à l'ère du numérique, des chaînes satellite, des vacances au bled généralisées, on puisse lutter contre une idéologie mondiale et conquérante qui nourrit le terrorisme en construisant des mosquées et en formant des imams ? On cherche encore une fois à se voiler les yeux, à trouver de fausses solutions.

Tout d'abord on peut faire un simple constat : dans la situation actuelle de la France, avec la crise européenne, les problèmes économiques, la précarité, le manque de financement pour la recherche et l'enseignement supérieur, l'école en échec, et les problèmes sécuritaires liés aux menaces terroristes quotidiennes, des musulmans – je dis bien *des* et non *les* – préoccupés en priorité par la pénurie de mosquées et d'imams ne sont pas de vrais démocrates soucieux de la France et de leurs compatriotes. Selon le chiffre avancé par les médias, 28 % des musulmans en France placent la charia au-dessus des lois démocratiques et républicaines.

En France, à l'opposé d'autres pays démocratiques, comme l'Angleterre et les États-Unis, les statistiques fondées sur l'ethnicité et la religion ne sont pas autorisées. Du coup, parmi ce qu'on appelle dans les médias et depuis des décennies la « communauté musulmane », qui serait pour un oui ou pour un non stigmatisée, il y a beaucoup de Mustapha Ourrad, correcteur à *Charlie Hebdo*, assassiné le 7 janvier 2015, ou de Zineb El Rhazoui, ex-journaliste à *Charlie Hebdo*, ou de Mohamed Sifaoui… Je doute fort que la construction des mosquées et la formation des imams soit la première préoccupation de cette « communauté » musulmane. Bien des musulmans ont une conception plus personnelle et intime de leur pratique religieuse et n'ont pas besoin d'entendre les prêches stéréotypés d'imams formatés ; bon nombre d'entre eux, en outre, ne sont pas pratiquants. Et enfin, bien que ce soit difficile à admettre par certains, bon nombre de ceux qu'on range cent fois par jour dans la « communauté musulmane » ou parmi les « Français de confession musulmane » sont des athées ou des agnostiques. À l'instar des « bouffeurs des curés », il existe aussi des « bouffeurs d'imams ».

Islamophobie : Élisabeth Badinter a mille fois raison

La voix d'Élisabeth Badinter détonne dans le concert des propos lénifiants et lâches qui dominent le discours politique en France et en Europe.

En dénonçant la censure qui interdit de critiquer les dogmes islamiques et la pratique d'une minorité de musulmans sous peine de se voir traiter d'islamophobe, elle met le doigt sur une tare de la gauche française en particulier : l'obsession du « politiquement correct » qui, en l'occurrence, laisse à Marine Le Pen le monopole de la laïcité.

Sous l'effet de cette censure, les féministes elles-mêmes ont minimisé ou tu les aspects de la « culture » musulmane et a fortiori islamiste qui assignent à la femme une place inférieure dans la société. Certaines féministes ont même collaboré avec les idéologues de l'islam politique dès le départ. Le voile a été défendu par ces féministes au nom du droit des « minorités ». Elles ont fait tout simplement l'impasse sur des centaines de millions de femmes dans le monde qui, depuis la création de l'islam, sont ensevelies sous le voile. En affirmant haut et fort qu'il ne faut pas craindre de se faire traiter d'islamophobe, Élisabeth Badinter crève l'abcès : est-il déjà trop tard pour dénoncer le caractère rétrograde de l'islam en matière sociétale ? Sommes-nous prêts à capituler, à trahir nos valeurs, avec une bonne partie de la gauche, et à laisser se poursuivre l'invasion de dogmes moyenâgeux en renonçant à tout ce qui a été acquis, non sans lutte, à travers trois siècles ?

En pointant du doigt l'islamophobie, arme redoutable qui permet de s'en prendre aux esprits faibles et aux mauvaises consciences, Élisabeth Badinter, que nul ne pourrait sans ridicule soupçonner de racisme ou de néocolonialisme, remet les pendules à l'heure et rend leur valeur aux mots : non, les coupables ne sont pas des victimes ; oui, nous pouvons dénoncer ceux qui, au nom de leur religion, essayent d'imposer en Europe une vision surannée et criminelle des femmes et de la société ; oui, la défense de la laïcité est aujourd'hui une priorité absolue.

Lorsque Élisabeth Badinter prend la parole, on a le sentiment d'échapper aux propos convenus et récités sans conviction par les politiques. C'est vrai de ce qu'elle dit aujourd'hui à propos des menaces qui pèsent sur la laïcité, comme ce l'était hier à propos de la prostitution. Qu'on me permette d'exprimer un regret : je déplore que cette grande philosophe, que cette grande dame de l'intelligentsia française, intègre et exigeante, n'ait pas été notre présidente de la République. J'ai la conviction, depuis vingt-trois ans que je suis en France, qu'il a souvent manqué une voix qui rappellerait à tous les principes essentiels sur lesquels nous ne saurions transiger, sous peine de perdre nos valeurs et de vendre notre âme.

Je rappelle ici que le terme islamophobie n'a pas été inventé par les ayatollahs iraniens ou par Khomeiny. Ce dernier qui se prenait pour le Guide, non seulement des chiites, mais de tous les musulmans, martelait, entre autres, trois slogans : « *Mâ eslam ra bé donya sadér khahim kard* = Nous exporterons l'islam au monde entier. » Chose faite. « *Bombé atomie mâ eslam ast* = Notre bombe atomique est l'islam. » Et le suivant était : « *Gharbiha az eslam mitarsand*= Les Occidentaux ont peur de l'islam. »

Khomeiny ne connaissait pas le mot phobie.

Les idéologues iraniens ont créé d'après le dernier slogan de Khomeiny une formule redoutable : islamophobie, sur le modèle de xénophobie, mais qui englobe et déborde celle-ci. Ils ont introduit, répété, répandu, galvaudé habilement le terme islamophobie pour incriminer tous ceux qui critiqueraient les dogmes islamiques ou résisteraient à la multiplication de leurs signes. Les « bouffeurs de curés », les allergiques à l'Église ou au Temple n'ont jamais été appelés « christianophobes », ni judéophobes ceux qui critiquent les dogmes judaïques.

L'emploi du terme islamophobie, c'est d'abord un moyen pour le nouvel islam de se revendiquer comme l'objet exclusif de l'hostilité à la religion, une forme indirecte de conquête donc. Il ne relève pas d'une assignation à résidence, d'un « communautarisme » tranquille, il exprime la volonté conquérante d'une islamisation totale de la société.

Il est important de souligner que Khomeiny ne mettait jamais en avant le chiisme. Il ne répétait pas : nous exportons l'islam chiite au monde entier, mais l'islam tout court.

Pour ma part, l'islam, dès qu'il envahit l'espace public, me fait peur, très peur. Je sais par expérience que le pire peut advenir. En ce sens, je suis islamophobe.

En sens inverse, en 1978, un journaliste américain, après son entretien avec Khomeiny, avait dit : cet homme est lunatique. L'équipe de Yazdi, un des hommes clés qui entouraient Khomeiny lors de son séjour en France, a eu l'idée de répandre en Iran le bruit qu'à la prochaine pleine lune, le visage de Khomeiny allait y apparaître. Beaucoup d'Iraniens ont vu cette nuit-là le visage barbu de Khomeiny sur la lune et ce miracle a fait de lui un vrai imam ! Je le concède : plus c'est gros et grotesque, mieux ça passe. Je précise qu'en Occident, comme dans les pays sunnites, le terme imam désigne un petit religieux : n'importe qui peut prétendre devenir imam, dont l'équivalent est mollah chez les chiites. Alors que le terme imam chez les chiites désigne seulement les douze descendants de Mahomet. Les douze imams chiites sont de vrais saints. Khomeiny devenait le treizième et le dernier imam ! Voilà comment on fabrique des révolutions !

L'Arabie Saoudite ou l'Iran ? Chiite ou sunnite ?

On a parfois l'impression que, sur le plan national comme sur le plan international, avec la guerre contre Daech, on ne sait plus en France à quel islamisme se vouer. Dans un monde où alliances et mésalliances, accords et désaccords sont plus que jamais instables, les uns conseillent de faire alliance avec l'Iran, les autres avec l'Arabie Saoudite. La situation en Syrie et en Irak est devenue un tel bourbier que l'on ne sait plus qui bombarde qui, qui fait la guerre à qui et tous s'accusent de fomenter le terrorisme. C'est que les terroristes des uns ne sont pas toujours les terroristes des autres.

Il y a encore quelques mois, les relations entre la Turquie, membre de l'Otan depuis 1952, et la Russie étaient très tendues, et voilà qu'après le coup d'État énigmatique avorté du 25 juillet 2016, et la purge massive qui a suivi, Erdogan, allié traditionnel des Américains, tourne le dos à l'Occident, l'accuse de soutenir Daech (alors qu'on nous disait justement que c'était bien Erdogan qui achetait du pétrole de contrebande et bon marché à Daech et qu'à ses yeux, la guerre contre les Kurdes du PKK était prioritaire) et se jette dans les bras de Poutine, comme Khamenei l'avait fait : à peine signé l'accord sur le nucléaire avec Obama, le Guide en personne avait accueilli Poutine ! Le régime des mollahs offre à la Russie une base militaire en Iran pour bombarder la Syrie.

Robert Ford, l'ex-ambassadeur américain en Syrie, déplorait, le 17 août 2016 sur CNN – chaîne pourtant pro-démocrate –, le désintérêt total de l'administration d'Obama pour la Syrie et pour la région. Il disait que l'Amérique d'Obama s'était attaquée aux symptômes et non aux vraies causes. Son pronostic était que la guerre contre Daech et plus généralement contre les djihadistes serait très longue.

Forcément, puisque les mouvements djihadistes constituent des nébuleuses, dispersées et disparates, dans différents pays musulmans, du Mali et de la Libye jusqu'à la Syrie et à l'Irak, comme dans différents endroits à l'intérieur des pays européens. Et Dieu sait combien de groupuscules comme Boko Haram, Chebab… Front Al-Nosra… apparaîtront dans les prochaines années dans les pays d'Afrique et du Maghreb comme dans les pays musulmans du Proche et du Moyen-Orient.

Obama avait-il opté dès son élection pour la politique de la terre brûlée ?

À propos du financement de l'idéologie islamique et du terrorisme international aussi deux groupes de spécialistes s'opposent : ceux qui incriminent l'Arabie Saoudite et le Qatar et ceux qui mettent en cause l'Iran. Cette opposition tient aussi, en partie, à la puissance des lobbies qui soutiennent les différents pays du Golfe.

Un peu d'histoire nous permet de comprendre que les mouvements fondamentalistes et politiques qui veulent imposer l'islam au monde entier ne sont concernés que très secondairement par l'opposition sunnites/chiites. En1954, les Frères musulmans égyptiens et leur idéologue et prédicateur Sayyid Qutb avaient fusionné avec les Fedayin de l'Islam iranien de Navvab Safavi. En 1955, après l'exécution de Safavi, celui-ci fut remplacé par Khomeini, qui fut largement imprégné par la doctrine de la confrérie égyptienne. C'est Ali Khamenei, aujourd'hui le Guide du régime iranien, qui avait traduit, en 1970, l'œuvre de l'idéologue des Frères musulmans, Qutb, en persan. Un timbre en honneur de l'idéologue sunnite et égyptien sera émis en 1984 par la République islamique d'Iran. Aujourd'hui encore, partout dans le monde, y compris dans les pays européens, le lien entre les chiites de Téhéran et les Frères musulmans, les salafistes, est très solide. Dès leur arrivée au pouvoir en Égypte, les Frères musulmans reprennent les relations avec l'Iran – elles étaient interrompues depuis l'arrivée des mollahs.

À l'origine, le mouvement politico-religieux des Frères musulmans égyptiens, qui réclame l'union de toutes les communautés musulmanes et de tous les territoires musulmans dans le monde, que l'on croit fondé en Égypte en 1928, par Hassan al-Banna, est en réalité né en Iran ! Oui, dès qu'on creuse un peu, on retrouve l'Iran à l'origine de l'islamisme. Le vrai fondateur est Sayyid Jamâl Al-Din Al-Afghani, né en Iran, dans la ville de Hamadan (1838-1897). C'est lui le penseur de l'islamisme et du salafisme. Connu comme « l'initiateur du réveil politique de l'islam » ou comme « agitateur politico-religieux », il a voyagé en Irak, en Afghanistan, en Turquie et en Égypte d'où il a été expulsé. Hassan al-Banna n'a fait que reprendre le flambeau.

On sait par ailleurs que l'Iran a collaboré avec Al-Qaïda en Afghanistan, comme en Irak, l'a financé, et que des membres de ce mouvement terroriste ont bénéficié des leçons du Hezbollah libanais pour apprendre l'art de piéger les voitures. Bon nombre de membres d'Al-Qaïda avaient trouvé refuge en Iran. On sait aussi que les forces Al-Qods, les forces spéciales iraniennes, sont actives aux quatre coins du monde, au Proche et Moyen-Orient, en Afrique. L'adage local « les ennemis de nos ennemis sont nos amis » s'est toujours vérifié, et les Occidentaux ne devraient pas oublier cet avertissement.

En réalité, les deux camps ont financé les mouvements terroristes. À l'origine, l'Iran de Khomeiny en 1979 a institutionnalisé et intellectualisé l'islamisme tel que nous le connaissons aujourd'hui, il a aidé et financé les mouvements islamistes à travers le monde et, par la suite, les Saoudiens et les Qataris ont entrepris de rattraper leur retard à coups de pétrodollars. Ils achètent tout et tous, qui ils peuvent. Cependant, il est important de souligner que la dualité n'est pas si claire qu'on le dit. Pendant le printemps arabe, le Qatar, bien que wahhabite, comme l'Arabie Saoudite, était dans le camp iranien et soutenait les Frères musulmans salafistes. Les mollahs iraniens ont tissé par ailleurs des liens économiques importants avec le Qatar comme avec les petits pays des Émirats.

On connaît aussi les liens existant entre l'Algérie sunnite et les mollahs iraniens ; dès qu'ils sont arrivés au pouvoir, en 1979, une alliance stratégique a été scellée entre les deux pays – tous les présidents iraniens, y compris Ahmadinejad, sont allés plusieurs fois en Algérie –, à la fois contre le Maroc et contre l'Arabie Saoudite, mais aussi contre les ex-pays colonisateurs, comme la France. L'Algérie a choisi son camp, pro-mollahs, et pro-Assad.

Le régime iranien a récemment déclaré qu'il allait consolider ses liens avec des pays de l'Afrique de l'Ouest comme le Nigéria où Javad Zarif avait effectué récemment une tournée.

Tous les islamistes de tout acabit, d'où qu'ils viennent et quels qu'ils soient, souhaitent islamiser l'Europe, ils se sont partagé la tâche. Je ne dis pas qu'il n'y a pas de rivalité, d'hostilité entre les islamistes saoudiens, iraniens, qataris, turcs, algériens, marocains, tunisiens..., mais avec la *Taqiya* qu'ils manient tous avec un art consommé ils leurrent les dirigeants et les spécialistes occidentaux, ou les achètent. La faiblesse de l'homme est grande face à la démesure des pétrodollars.

Bien que l'art de la dissimulation, *Taqiya*, soit commun à tous, les Iraniens le pratiquent avec une particulière sophistication. Ils le combinent avec *Târof* – mot et concept proprement persan qui n'a aucune traduction ou équivalent dans aucune langue, pas même en arabe ! *Tarôf* désigne un comportement d'ensemble : une combinaison savante de fausse amabilité, d'accueil très chaleureux, de fausse générosité, de fausse politesse, de fausse modestie, de fausse bonté, de fausse serviabilité… Le tout dans le but de tromper, de piéger son interlocuteur en désarmant sa méfiance. Envahis par les Grecs, par les Arabes, par les Mongols, par les Russes, les Iraniens ont perfectionné, à travers plus d'un millénaire, l'art de dissimuler pour contourner l'hostilité de leurs ennemis par des mots et des comportements dévoyés.

Il faudrait voir le film de Massoud Bakhshi *Une famille respectable* dans lequel le sens de l'hospitalité et la gentillesse des Iraniens font froid dans le dos !

Au total, et pour en revenir au langage occidental, on peut penser que l'islamisme correspond au prosélytisme du fondamentalisme islamique dans ses diverses versions. Il incombe aux responsables occidentaux d'en tenir compte dans l'élaboration de leurs stratégies à court, moyen et long terme. Mais il ne faut pas trop compter sur les divisions entre les différentes factions islamistes : saoudiennes, égyptiennes, iraniennes, algériennes, marocaines, maliennes, tunisiennes, libyennes…

Les guerres fratricides dès la mort de Mahomet, pensent-ils, n'ont pas empêché leurs ancêtres de conquérir des pays entiers et d'islamiser la Perse, l'Égypte, et Byzance, jusqu'à l'Indonésie… C'est pourquoi ils veulent exporter leur guerre en Europe.

Les guerres par procuration qu'ils se livrent en Syrie, au Yémen, en Libye, en Irak... sont considérées à leurs yeux comme des dégâts collatéraux de leur projet final. Des sacrifices pour répandre l'islam. L'islam, disait Khomeini, est un arbre qui s'abreuve de sang.

L'islamisme n'a-t-il pas progressé en Europe et dans le monde, bien que l'Iran des mollahs et l'Arabie Saoudite soient des adversaires depuis quelques décennies, malgré la guerre Iran/Irak, malgré la guerre du Koweït, malgré la guerre en Irak, au Liban, en Syrie... ?

Si sur le plan international la politique étrangère de la France est fatalement une question de concertation entre alliés, et de compromis éventuels avec l'adversaire, ou même avec les ennemis, à l'intérieur de la France une politique ferme vis-à-vis de tous les islamistes s'impose. Il n'est plus temps de se perdre dans le détail des débats en dentelles entre salafistes/wahhabites/chiites/fondamentalistes, radicalisés ou non radicalisés... Ne sous-estimez pas les ennemis, ne les prenez pas pour des gens simplets et idiots. L'Europe doit se protéger.

Comment l'idéologie islamique a été introduite et implantée en France

Pour combattre efficacement l'idéologie islamique, il faut savoir par quels canaux elle a été introduite en France et en Europe.

En 1964, Khomeiny est banni d'Iran, car il avait organisé avec d'autres mollahs intégristes des protestations armées contre ce qu'on avait appelé la « révolution blanche » : réformes agraires, droits des femmes, l'école obligatoire pour les deux sexes... En 1978, après quinze ans d'exil dans la ville de Nadjaf, en Irak, alors qu'il avait été oublié du peuple iranien, il est transféré d'Irak en France, sur décision de l'administration américaine qui l'avait choisi comme opposant attitré du Chah. En pleine guerre froide, l'islam, pensait Jimmy Carter, serait un bon rempart contre la montée du communisme. L'Iran, par sa position géographique et ses richesses naturelles, était, stratégiquement, le pays le plus important de la région. Dominant le détroit d'Ormuz, surnommé, à l'époque, « la veine jugulaire de l'Occident » qui était très dépendant des ressources pétrolières du Moyen-Orient, l'Iran était voisin de l'ex-URSS et le communisme y était très influent. Le Chah, gendarme du Golfe, devenu mégalomane, s'est cru indispensable à la stabilité de la région et, en pleine guerre froide, il déclare, en 1977 : « L'Iran ne renouvellera pas les contrats pétroliers en 1979... Pourquoi le pétrole devrait-il être moins cher que l'eau d'Évian... » Il avait brandi, en outre, la menace de se rapprocher de l'ex-URSS.

Après le transfert de Khomeiny d'Irak en France, deux Iraniens très brillants, Ghotbzadeh et Yazdi, agents de la CIA, le rejoignent. Ils ont joué un rôle déterminant dans l'ascension de ce mollah, parfait inconnu du grand public en Occident et en Iran. Le premier, avec son équipe, était chargé de le faire connaître sur la scène internationale, d'influencer l'intelligentsia occidentale et iranienne, en particulier les étudiants iraniens boursiers, en Europe et en Amérique. Gagner leur soutien était un préalable au lancement de la carrière politique internationale de ce mollah. Yazdi, lui, avec son équipe, avait pour charge d'attiser la religiosité des milieux traditionnels et d'exhumer Khomeiny pour la jeunesse iranienne, qui ne le connaissait pas, dans les couches populaires en Iran.

Libération fut le premier journal à lancer la carrière internationale du vieux religieux, Khomeiny, avec un article au titre « poétique » : « L'ayatollah sous les pommiers » (11 octobre 1978). Une grande photographie montrait ce vieux sage assis à même le sol sous un magnifique pommier : l'image de la sérénité, de l'authenticité, de la piété bienveillante, de la simplicité, qui s'opposait aux fastes de la monarchie que l'Amérique de Jimmy Carter avait décidé de renverser.

Des centaines d'intellectuels français, anglais, américains, de gauche comme de droite, ont manifesté et signé des pétitions en faveur de Khomeiny, dont nul n'avait lu le livre, dont nul ne connaissait les propos intégristes, les idées fanatiques, ni les actes terroristes commis en 1963 en Iran. Blâmer le seul Michel Foucault, c'est dédouaner tous les autres de leur responsabilité – ou plutôt de leur irresponsabilité.

C'est en France, à Neauphle-le-Château, qu'est né ce qui est devenu par la suite l'idéologie islamique. Les premières prières collectives, les premiers prêches fanatiques, les premiers *Allah Akbar* ont retenti dans la banlieue française. Les Américains, les Français, les Anglais pensaient qu'une fois en Iran le vieux religieux se retirerait dans sa mosquée. Le vieux religieux a roulé le monde entier dans la farine !

L'Iran est devenu le premier laboratoire de l'idéologie islamique qui s'est implantée avec le succès qu'on lui connaît.

La même double méthode de Yazdi et de Ghotbzadeh a été utilisée pour islamiser les musulmans vivant en Occident comme pour islamiser les pays du Maghreb et la Turquie : islamisation par le bas, en instrumentalisant les frustrations des populations pauvres et marginalisées, les « déshérités » disait Khomeiny, et islamisation par le haut en influençant, en sensibilisant intellectuels et artistes. Pourquoi changer une méthode qui avait fait ses preuves ?

S'il y a une personne qui savait qu'une révolution se préparait à l'étranger, c'était bien Khomeiny. Dès son arrivée au pouvoir en Iran, il a pris la précaution de contrôler l'intelligentsia iranienne à l'étranger. Il a fait assassiner quelques artistes, intellectuels et politiques exilés comme Shapour Bakhtiar en France et Fereydoun Farrokhzad en Allemagne...

Le régime a envoyé ses faux opposants parmi la diaspora iranienne afin d'influencer intellectuels, journalistes, politiques et artistes occidentaux. Les mollahs avaient deux buts :

1) S'assurer en permanence qu'aucune révolution contre eux ne se fomentait en Occident. Les faux opposants servaient de passerelles. Ils œuvraient aussi pour faire passer les vrais

opposants du régime pour des extrémistes auprès des intellectuels, artistes et politiques occidentaux.

2) Implanter et répandre très habilement dans ce même Occident l'idéologie islamique, en instrumentalisant les frustrations et les ressentiments des musulmans afin de créer une cinquième colonne dans les pays occidentaux.

Le régime iranien a choisi la France comme centre de son offensive islamiste pour plusieurs raisons. Dans le domaine de la politique internationale, la France est le pays le plus important d'Europe. Dès leur arrivée au pouvoir, les mollahs avaient un contentieux nucléaire très important avec la France – d'où les attentats commandités par eux dans les années 80 en France et au Liban. La France avait soutenu Saddam dans la guerre Iran/Irak – ce qui en faisait « le petit Satan ». Enfin, son passé colonial, la guerre d'Algérie et la grande immigration économique musulmane maghrébine désignaient la France comme le meilleur endroit où l'islamisme pût prospérer. Les liens étroits tissés de longue date par les mollahs avec les Frères musulmans égyptiens et tunisiens, avec les mouvements salafistes et avec les islamistes d'Algérie leur facilitaient la tâche.

Une anthropologue et politologue iranienne, Fariba Adelkhah, qui fait souvent des « recherches » dans le pays des mollahs, a été l'une des premières à théoriser en France la naissance du féminisme musulman sous le voile. Elle expliquait que, malgré le voile obligatoire, la réalité iranienne était plus complexe, que les femmes étaient dans les universités et que le voile était devenu pour certaines féministes iraniennes le symbole de l'émancipation ! Elle oubliait de préciser que ces femmes étaient des militantes sous tchador mobilisées par le régime.

1989, un an après la guerre Iran/Irak, c'est l'année de la première « ouverture » du régime des mollahs et aussi l'année où l'idéologie islamique s'implante définitivement et solidement en Europe et surtout en France.

François Mitterrand, réélu en 1988, à l'instar d'autres dirigeants occidentaux, envoie son ministre des Affaires étrangères, Roland Dumas, à Téhéran pour parler justement d'affaires. Occupés par les contrats à signer avec Rafsandjani, qui vient d'être élu président, les dirigeants européens n'accordent pas une grande importance à ce qui se passe sur la scène médiatique : cette même année, Khomeiny lance sur la radio iranienne une fatwa, en persan, contre Salman Rushdie. L'annonce de cette fatwa est reprise par tous les médias occidentaux. Cette première fatwa internationale aiguise les sentiments de religiosité des musulmans dans le monde et surtout en Europe et signifie que la religion des peuples opprimés est méprisée par les mécréants occidentaux. Cette première fatwa devient une arme idéologique et politique par excellence. Elle divise l'opinion. Elle exerce une pression. Elle crée pour la première fois « la communauté musulmane » dont les croyances seraient l'objet de maltraitance par l'Occident impie. Depuis, on a connu bien d'autres fatwas.

Cette même année 1989, l'offensive islamiste ouvre une brèche décisive dans l'école laïque en France. La première affaire du voile à l'école éclate. Et la République laïque recule.

Dès la première « ouverture » de l'Iran des mollahs, l'idéologie islamique en Europe et surtout en France remporte deux batailles médiatiques de très grande envergure.

Parmi les premiers défenseurs du voile à l'école, on trouve encore le même sociologue iranien, Khosrokhavar, déjà mentionné. Il a fait ses études en France, et en 1978 il faisait partie des étudiants iraniens qui défendaient Khomeiny à Paris. Il avait même à l'époque convaincu des intellectuels comme Alain Touraine, qui était son directeur de thèse, de pétitionner en faveur de Khomeiny. Après la révolution, il retourne en

Iran, il enseigne plusieurs années à l'université, dans la ville de Hamadan, et sans avoir été l'objet de la purge qui a frappé des milliers d'enseignants, il quitte l'Iran et revient en France, se présente comme opposant au régime des mollahs et se fait élire, toujours avec l'appui d'Alain Touraine, à l'École des hautes études en sciences sociales.

En tant que spécialiste de la révolution iranienne, il soutient le droit des mineures à porter le voile à l'école en France. Il justifie, très habilement, sa position de défenseur du voile, entre autres, ainsi : « Si en tant que sociologue je ne défends pas le droit des femmes qui veulent porter le voile ici en Europe, je ne pourrai pas défendre le droit de celles qui ne veulent pas le porter en Iran. » Il obtient le soutien de bon nombre d'universitaire, dont Françoise Gaspard, sociologue, féministe et femme politique de gauche. Le voile, qui avait été imposé aux femmes durant des millénaires par les trois religions monothéistes, devenait, par le miracle du progressisme dévoyé de certains intellectuels français, le symbole du droit d'une toute petite minorité en France. Les centaines de millions de femmes ensevelies sous le voile dans les pays musulmans ne comptaient pour rien.

Des politiques comme Malek Boutih ou Julien Dray tombèrent dans la piège. La formule « la communauté musulmane va être stigmatisée » était née.

Notre sociologue a bien réussi sa mission en Europe, le voile y est partout. Mais en Iran, vingt-cinq ans plus tard, pas encore une tête non voilée ! Même les femmes politiques, Catherine Ashton, et Federica Mogherini, chargée des Affaires étrangères au sein du Parlement européen, comme toutes les journalistes occidentales, ou encore très récemment Ségolène Royal, doivent se voiler quand elles se rendent dans l'Iran de l'ultra-modéré Rohani.

Toujours en tant que spécialiste du régime des mollahs, Khosrokhavar a été un des pionniers à travailler sur le terrain, dans les cités et banlieues en France. Quand j'ai commencé mes études en 1995 – en analysant les manuels scolaires pour décoder les mécanismes de l'endoctrinement islamique dans les écoles iraniennes –, un des thèmes privilégiés de recherche en sociologie était la violence dans les banlieues françaises ; en effet la tension y était perceptible, comme en témoigne le film *La Haine*, sorti la même année. Les études diverses abondèrent et la question posée par les politiques, à l'échelle nationale comme à l'échelle locale, était toujours : « Que faire ? Quel remède ? »

L'idée des « grands frères » est née à l'époque de ces études, notamment celles impulsées par

Khosrokhavar. Les grands frères étaient censés partager la même « culture » que ceux dont ils avaient la charge et auxquels ils inculqueraient quelques bons principes de comportement empruntés à la morale islamique et la religion qu'ils partageaient. Des jeunes voyous se comporteraient mieux avec quelques principes religieux. Le thème commun à certaines de ces études est celui qu'on retrouve dans *L'Islam des jeunes* de Khosrokhavar, publié en 1997 : il y aurait un islam des jeunes qui est à l'opposé de l'islam radical et le modèle républicain doit apprendre à composer et à dialoguer avec lui. Autrement dit : pas d'autre remède contre la violence que l'islam. L'auteur nous a mis en garde : de notre capacité de dialogue avec ce « nouvel islam » dépendra la solidité de notre tissu social. Dans le même ouvrage, il défend le voile, encourage les jeunes femmes à le porter de manière à échapper à la coercition familiale.

Toujours en tant que spécialiste du régime des mollahs, Khosrokhavar était aussi un des premiers à travailler sur les prisons en France. Déjà avant 2004, il avait conclu que la population carcérale était majoritairement musulmane. Par parenthèse, si un Fabrice Dubois avait énoncé une telle chose, il aurait été accusé de racisme, de faire l'amalgame, de stigmatiser les musulmans... et aurait été poursuivi. Le sociologue iranien va plus loin et affirme : « l'islam est la première religion carcérale » ! Phrase choc pour qui sait l'entendre. Non seulement les mécréants maltraitent l'islam, mais en outre, ils l'ont emprisonné. À l'époque où nul n'avait entendu parler de la radicalisation dans les prisons, il étudiait la radicalisation dans les prisons. Depuis, ça s'est répandu. On ne parle que de la radicalisation, dans les banlieues comme dans les prisons.

Dans un article du *Nouvel Obs*, voici quelques années, il avouait lui-même qu'à la fin d'une conférence en Égypte (avant le printemps arabe), les gens l'avaient embrassé quand ils avaient su qu'il venait d'Iran, pays qui avait Ahmadinejad comme président, *l'homme qui défiait l'Occident*, disait-on à l'époque ! Lionel Jospin, alors Premier ministre français, avait reçu, lui, des volées de bois vert – et des pierres sur la tête – dès qu'il avait prononcé un mot de travers en Palestine. Notre sociologue ne précisait pas dans son article quels étaient les propos qu'il avait tenus dans sa conférence pour avoir droit aux embrassades des Frères musulmans égyptiens. J'imagine qu'il n'y avait pas de femmes égyptiennes dans la foule accourue pour l'embrasser.

Dès la première « ouverture » de l'Iran, en 1989, l'année de la première fatwa internationale, l'année de la première affaire du voile à l'école, les films iraniens envahissent les festivals européens.

La culture politiquement correcte conférait une respectabilité au régime terroriste des mollahs qui avait commis des attentats, y compris en France, en 1986.

Les tableaux de Shirin Neshat, symbolisant le nouveau féminisme musulman, antioccidental et guerrier, représentant des femmes en tchador et armées, défenseurs de l'idéologie islamique, sont devenus le summum de l'art ! Aujourd'hui ces femmes existent en chair et en os, candidates au djihad en Syrie ! Neshat a reconnu l'ambiguïté de ces toiles qui lui ont octroyé une notoriété mondiale d'artiste consacrée. Or il n'y avait nulle ambiguïté. Les lobbies iraniens, très puissants aux États-Unis, avaient propulsé ses toiles vers des enchères stratosphériques.

Largement récompensé à Cannes, à Venise, à Berlin, le cinéma iranien devient un moyen de diffusion de la vision du monde islamique des mollahs : femmes, fillettes voilées, apartheid sexuel respecté.

Certains de ces films émettaient quelques critiques à l'endroit du régime, pour être crédibles, et aussi pour faire valoir que le régime s'ouvrait et tolérait qu'on le critique. Mais, dès que la critique allait un peu loin, dès que le cinéaste franchissait la ligne jaune, il était rappelé à l'ordre et réduit au silence. Il faut savoir qu'un film, de l'écriture du scénario jusqu'au dernier moment du montage, subit la censure de différents organes de surveillance du régime et que tout est sous contrôle. En primant les films iraniens, on primait le grand art de la censure des mollahs ! Lorsque Khomeiny est arrivé au pouvoir, il a interdit tout bonnement le cinéma. La raison principale qui l'amena à l'autoriser était l'influence du cinéma dans le monde occidental.

Abbas Kiarostami a été un des grands cinéastes iraniens et a fait, certes, quelques grands films, mais il a fatalement été un des premiers cinéastes conduits à collaborer avec le régime. Il avait été nommé par Khamenei directeur du Centre de la culture et du cinéma iranien, *Kanun*. Il a obtenu la Palme d'or en 1997, l'année où le « modéré et réformateur » Khatami a été élu président en Iran.

Aucun journaliste n'a jamais critiqué la barbarie du monde que montrait le cinéma iranien, où une fillette doit garder son voile sur la tête même à la maison devant son propre père, comme cela est le cas dans tous les films, y compris *Une séparation* d'Asghar Farhadi, ultra-primé. La première scène de ce film montre un couple devant un juge, dont on ne voit pas la couleur, pour divorcer. C'est la femme qui est demandeuse de divorce car elle veut partir avec sa fille en Occident. Or en Iran, les femmes n'ont pas le droit au divorce, ni le droit de quitter le pays sans autorisation de leur mari... L'analyse des films iraniens demanderait un ouvrage entier.

Le voile et le monde islamique ont été diffusés, normalisés, banalisés depuis près de trois décennies par le cinéma iranien. Khomeiny martelait : « Nous exportons l'islam dans le monde entier. » Son cinéma a contribué grandement à concrétiser son vœu le plus cher. Il a introduit par le haut sa vision du monde. Les mollahs n'ignorent pas l'importance du rôle des stars de cinéma et du show-business dans la politique en Occident. Grands exportateurs de caviar, les mollahs iraniens ont trouvé la faiblesse de la « gauche caviar ».

Ainsi des cinéastes, des acteurs comme Sean Penn, Juliette Binoche ont été invités en Iran, cautionnant, par leur simple présence, le régime ; alors que des comédiens comme eux, s'ils avaient été iraniens, auraient été lapidés.

En 1999, deux ans après la Palme d'or de Kiarostami, qui avait servi à amadouer l'opinion occidentale, Khatami venait en France pour encourager le business, acheter des Airbus et promouvoir les échanges culturels ! Durant les années de Khatami, intellectuels, universitaires, réalisateurs européens étaient invités en Iran, alors que durant les mêmes années, les assassinats d'intellectuels, journalistes, intellectuels iraniens et les massacres d'étudiants faisaient rage.

Cette même année 1999, le sociologue Khosrokhavar remet ses habits de spécialiste de l'Iran et publie avec Olivier Roy un livre dont le titre annonce le contenu : *Iran, comment sortir d'une révolution religieuse.* Les auteurs assènent que grâce à l'élection de « l'ultra-modéré » Khatami, l'Iran est sur le point de devenir une vraie démocratie. Alors que cette même année 1999, des révoltes d'étudiants étaient étouffées dans le sang, des massacres commis dans les dortoirs des universités, des centaines d'intellectuels, d'écrivains, de journalistes emprisonnés, torturés, sans parler de la frénésie de pendaisons, qui n'a jamais ralenti en Iran. Je les cite : « Toutes sortes de signes l'attestent : l'Iran est en train d'en finir avec sa révolution. Sous les apparences de l'ordre moral encore maintenu par des polices et des milices, le désenchantement est général, l'individualisme et le désir de consommation ne cessent de gagner du terrain, la démocratie s'installe comme le régime de croisière du pays. Si le politique a été saisi par le religieux, l'inverse est plus vrai encore : l'islam n'est pas sorti indemne de l'expérience d'une politisation extrême. Et s'il a théorisé l'entrée en révolution, l'islam est aujourd'hui mis à contribution par des théologiens et des philosophes pour penser la sortie de la révolution et la progression vers la démocratie… »

La méthode de ces Iraniens est de mettre la désobéissance et l'exaspération de la jeunesse iranienne, ses désirs de démocratie au crédit du régime en affirmant son ouverture. Le mélange de vrai et de faux, comme le disait Paul Valéry, est souvent plus toxique que le pur mensonge.

Le fait que des chercheuses, des écrivaines comme Fariba Adelkhah, Azadeh Kian, Nahal Tajadod, dont les livres sont traduits en Iran où toute publication est soumise à la censure de plusieurs institutions de surveillance, ne portent pas le voile dans les médias occidentaux, lorsqu'elles sont invitées dans une émission de télévision, ne pose aucun problème au régime lorsqu'elles retournent en Iran. Et cependant le même régime exige de l'actrice Leila Hatami, qui a joué dans *Une séparation*, qu'elle garde son voile sur la tête quand elle est l'invitée du 20 heures sur France 2 ; le même régime exige de toutes les actrices iraniennes qu'elles gardent leur voile à Cannes ou dans d'autres festivals occidentaux, si elles veulent pouvoir remettre le pied en Iran ; le même régime exige de toutes les femmes journalistes ou responsables politiques occidentales qu'elles mettent un chiffon sur la tête dès qu'elles posent le pied en Iran ; le même régime exige qu'aucune journaliste femme, forcément non voilée, ne soit filmée lors de la conférence de presse conjointe de Rohani avec Hollande à l'Élysée. Mais le fait que ces chercheuses et écrivaines iraniennes se montrent non voilées dans les médias occidentaux ne lui pose pas de problème : au contraire, non voilées, elles sont plus efficaces : « Vous voyez, moi-même je ne porte pas le voile, mais j'essaie de comprendre les voilées ! » disent-elles habilement.

Il y a quelques années j'ai visité le Documentation Center Nazi Party Rally Grounds à Nuremberg. J'y ai passé la journée et j'avais la chair de poule. Ce qui était à la fois terrifiant et fascinant, outre les horreurs commises par les nazis, l'organisation des camps de concentration et l'extermination des juifs, c'était la période de l'avènement du Troisième Reich. Comment Hitler est devenu Hitler. Comment, peu à peu, des personnalités importantes, intellectuels, artistes, cinéastes ont participé à la promotion de Hitler, comment par arrivisme, par carriérisme, par vanité, bêtise ou caprice, les uns et les autres ont cautionné son entreprise. C'était presque identique à l'avènement du régime islamique en Iran. Ce ne sont pas seulement Himmler, Goebbels, Eichmann, Heydrich qui ont fait de Hitler, Hitler, non. La collaboration, l'alliance d'un grand nombre ont été indispensables à l'aliénation progressive d'une partie du peuple allemand et à l'édification d'un système monstrueux.

J'ai lu très tardivement la bande dessinée *Persepolis* de Marjane Satrapi. Je n'en ai pas cru mes yeux ! Après ma lecture, j'ai regardé encore et encore toutes les pages, tous ses dessins : pas une seule image de Khomeiny ! Pas une. Il n'est même pas nommé. Dans une bande dessinée où l'auteur a affirmé qu'elle relatait ses souvenirs et où les personnages sont nommés et dessinés effectivement d'après la réalité : le Chah, son père Reza Chah, Jimmy Carter, Saddam Hussein et même Atatürk…, aucune trace de Khomeiny, le guide de la révolution islamique. Le Führer iranien n'existe pas !

Elle raconte la révolution islamique d'Iran à la jeune génération occidentale, qui ne connaît rien de l'époque, sans dessiner une seule fois Khomeiny, sans jamais le nommer ! Imaginez que le premier film réaliste sur l'avènement du Troisième Reich ne montre aucune image de Hitler, ne mentionne pas son nom, ne cite aucun de ses propos, ni de ses slogans, aucun salut hitlérien, aucun *Heil Hitler*, tout en tournant ses crimes en dérision.

Nul n'a voulu remarquer l'absence de Khomeiny ! Nul ne l'a mentionnée. Il n'est pire sourd que celui qui ne veut entendre, il n'est pire aveugle que celui qui ne veut voir.

Khomeiny, Khamenei, Rafsandjani… Satrapi ne connaît pas. Le seul mollah présent dans sa bande dessinée est « un vrai religieux » !

Elle montre qu'on brise la statue du Chah, qu'on arrache sa photo de la première page des manuels scolaires, mais ne montre pas que l'image de Khomeiny a aussitôt envahi les murs de toutes les rues du pays, de toutes les administrations, écoles comprises, ainsi que la première page des manuels scolaires. Elle ne rappelle pas non plus que l'image de Khomeiny est apparue en filigrane sur toutes les pages du passeport de tous les Iraniens ! Le passeport qui lui a permis de quitter l'Iran. Le passeport avec lequel elle a voyagé autour du monde pour défendre sa bande dessinée, car elle n'avait pas la nationalité française jusqu'en 2007…

Elle nous montre une fille pendue, un homme noyé dans une baignoire, des gens arrêtés, des gens exécutés, mais on ne sait qui pend qui, qui noie qui, qui arrête qui. « C'est comme ça pour toutes les révolutions. Ce n'est qu'une période de transition » écrit Satrapi. Les vrais responsables, les vrais commanditaires ne sont jamais nommés, jamais dessinés. Alors qu'avant, elle précise que c'était bien le Chah et sa *Savak* qui emprisonnaient et torturaient. Après le Chah, l'Iran n'a pas de dirigeants.

Elle raconte qu'une bombe est tombée dans sa rue sur la maison de leur voisin juif nommé Lévy ! La maison des Lévy est détruite entièrement et chez les Satrapi, seules les vitres sont cassées. Les juifs ne courent pas les rues en Iran ! Elle a avoué par la suite au micro de François Busnel sur France Inter, le 6 octobre 2011, qu'il n'y avait eu aucune bombe dans sa rue avant son départ à Vienne, mais après son retour. Or en 1988, lorsqu'elle est rentrée en Iran après quatre ans, la guerre était terminée. On peut penser que cela, en effet, n'a aucune importance, il y a eu des missiles qui ont détruit des rues entières à Téhéran, et il y a eu des victimes. Mais la chose qui interroge est la suivante : pourquoi elle, qui a prétendu raconter ses souvenirs, condamne-t-elle à mort une petite juive comme la seule et unique victime identifiée des bombardements de Téhéran ? C'est surtout la façon dont elle découvre que sa voisine juive est morte qui est choquante : elle voit sous les décombres de la maison entièrement détruite, le bracelet de son amie juive !

Ce que Satrapi ne dit pas, c'est que les mollahs « les vrais religieux » comme elle les nomme, venaient à l'époque dans les écoles, pour nous faire aboyer « À bas l'Amérique », « À bas Israël » et pour nous inculquer qu'il n'y avait jamais eu de génocide des juifs : « Un juif meurt et les juifs crient au génocide. Pendant la guerre, au lieu de se sauver, les juifs allaient chercher leurs bijoux dans leurs coffres, c'est pour ça qu'ils étaient plus nombreux à mourir. » Et puis la fameuse phrase antisémite persane est connue de tous les

Iraniens : « D'un juif tu peux prendre sa vie, mais jamais son bien ! – *Yahoudi ra djanash ra mitouni béguiri, vali malésho ra némitouni béguiri.* » L'amie juive de Satrapi est donc morte sous les décombres et seul le bracelet est sauf !

Dans son livre de 2004, *L'islam, la République, le monde,* Alain Gresh, proche de Khosrokhavar, proche de Tariq Ramadan, défendait sa position : « Pourquoi Satrapi n'a-t-elle pas été auditionnée devant la commission Stasi au lieu de Djavann ? » Effectivement, Satrapi fait partie des Iraniens très hostiles à la loi de 2004 contre les signes religieux à l'école. « Les adolescentes devraient avoir le choix de porter le voile dans les écoles », défend-elle le 12 décembre 2003 dans *The Guardian.* « On ne connaîtrait pas les problèmes posés par la loi sur le voile islamique, par exemple, si un vrai travail avait été fait sur la guerre d'Algérie », déclare-t-elle, le 15 décembre 2005, dans *Courrier international*, après une rencontre à la BnF. Elle a fustigé cette loi partout, notamment aux États-Unis.

Il est intéressant de rappeler que *Libération*, qui avait lancé la carrière politique internationale de Khomeiny, fut aussi le journal qui a lancé la carrière artistique de Satrapi en publiant pendant tout un été son *Persepolis.* Les rédacteurs en chef de *Libération* n'avaient pas vu qu'il n'y avait nulle trace de Khomeiny dans la révolution iranienne de Satrapi !

Les représentants du gouvernement d'Ahmadinejad ont très habilement protesté contre le film *Persepolis* lors de sa projection à Cannes, alors qu'il épargne les mollahs et ne vilipende que le Chah et les Occidentaux. Ils lui ont ainsi assuré un plébiscite mondial, du jamais-vu, bâillonnant par avance toute critique. Ils avaient raison ; la plupart des choses que Satrapi raconte sont irréelles et ne peuvent exister sous le régime islamique : aucune fille ne peut répondre avec une totale impunité aux agents de la morale : « Vous n'avez qu'à ne pas regarder mon cul ! » et continuer son chemin, elle aurait été tabassée à mort illico.

Il arrive à ce genre d'Iraniens de reconnaître du bout des lèvres que « les femmes en Iran ont la moitié des droits des hommes », mais ils s'abstiennent à chaque fois de préciser que le régime des mollahs a retiré aux femmes les droits acquis avant 1979, et ils enchaînent aussitôt : « 70 % des étudiants sont des filles dans les universités… » – chiffre faux tiré de la propagande du régime. Et c'est le seul chiffre qu'ils répètent. Le nombre d'enfants déscolarisés, vendus, mendiants, de jeunes désœuvrés, drogués, ou celui des jeunes femmes ou adolescentes réduites à la prostitution, le nombre des jeunes emprisonnés, torturés, exécutés chaque année ne les intéressent pas. Ils sont reconnaissables à leurs petites phrases avec repentir : « Je ne défends pas ce régime, mais... » « Je n'aime pas ce régime, mais... » « Je ne retourne pas en Iran, mais il ne faut pas confondre l'Iran avec les talibans ou avec l'Arabie Saoudite ». Ils ont aussi souvent recours au relativisme culturel : « Le vrai problème est le machisme et la culture patriarcale. » « Je ne porte pas le voile, mais j'essaie de comprendre celles qui le portent. » « Je n'aime pas le voile, mais je suis pour la liberté du choix... » Ils ont aussi répandu en France comme à l'étranger : « La loi contre le voile était une grave erreur et a causé beaucoup de problèmes » ou alors : « Le voile en France est lié à l'histoire coloniale et à la guerre d'Algérie. » Et en Suède ? Et en Espagne ? Et au Danemark ? Et en Australie ? Il existe des femmes en burqa dans les banlieues de Melbourne, de Sydney, d'Adelaïde...

Je mets les points sur les i, pour que si jamais je me fais assassiner – par ces temps où tous ceux et celles qui osent penser et prendre la parole le font à leurs risques et périls – on ne me range pas dans la catégorie de ce genre de diaspora iranienne.

Je reviens à notre sociologue iranien, Khosrokhavar. À la suite du massacre de Nice, le 14 juillet, il se transforme instantanément en psychologue de la dépression et profère avec assurance dans plusieurs journaux et à la télévision : « Avant, les dépressifs se suicidaient. Maintenant, certains choisissent de le faire en tuant d'autres personnes, ce qui leur donne le sentiment d'exister pour un moment. Cet homme, à Nice, a en quelque sorte instrumentalisé Daech et s'est servi de l'angoisse que l'organisation suscite pour commettre un acte horrible. »

On a entendu François Hollande reprendre la théorie de la dépression.

Un dépressif, vous dis-je, et en quoi le déséquilibre psychique serait-il incompatible avec le fait de devenir terroriste islamiste ? Les recruteurs cherchent les déséquilibrés, les crétins, les gogos. Être un infâme crétin est indispensable pour tomber dans le piège des recruteurs, mais être crétin ou crétin dépressif ne suffit pas.

Il faut se poser cette question essentielle : au nom de quoi ces « crétins » tuent-ils et égorgent-ils en France et en Europe ? Pourquoi ces crétins assassinent-ils au nom de Daech, alors qu'ils ne comprennent rien ni à la guerre civile en Syrie, ni aux intérêts divergents des multiples mouvements islamistes qui s'y livrent une guerre sans merci, ni à la complexité géopolitique de la région, ni aux intérêts des pays protagonistes ?

Poursuivons cependant un instant la piste « psychologique ». On a répété, à l'instar du fameux sociologue iranien, que le tueur n'était pas pratiquant, mangeait du porc, ne faisait pas ramadan, etc. D'autres ont rétorqué que c'était une raison de plus pour racheter ses péchés et gagner sa place au paradis.

Notre sociologue ne serait-il pas tenté, très habilement, par la pratique, ô combien décriée dans son entourage intellectuel, de l'amalgame ?

Quand il affirme que ce n'était pas un attentat islamiste parce que le tueur dépressif ne faisait pas ramadan, buvait de l'alcool, n'insinue-t-il pas, a contrario, que tous ceux qui font leur ramadan, ne mangent pas de porc et ne boivent pas d'alcool peuvent être soupçonnés éventuellement de passer à l'acte ?

Encore une fois, le discours islamique s'impose à tous et tente de créer des représentations mentales collectives spécifiques, le stéréotype du terroriste qui ne mange pas de porc, fait le ramadan et ses prières, alors même que les dirigeants de Daech, nous a-t-on appris, ont recommandé à leurs assassins de se fondre dans la société, de ne montrer aucun signe de radicalisation pour ne pas être détectés.

Peu nous chaut de savoir si le terroriste mangeait ou non du porc, faisait ou non le ramadan.

Le problème, encore une fois, ce n'est pas manger ou non du porc, faire ou ne pas faire le ramadan ; le problème vient de cette plus-value morale accordée depuis des années aux pratiques religieuses. Le problème vient du fait que, depuis trente ans, les islamistes ont inculqué à des adolescents de confession musulmane que manger du porc est mal, que ceux qui mangent du porc sont impurs. Le problème, c'est que, dans un environnement islamisé, idéologisé, des crétins mentalement fragiles et manquant de culture et de langage peuvent se sentir coupables et impurs parce qu'ils forniquent ou ne font pas le ramadan, et risquent de se radicaliser rapidement sans même avoir jamais été des musulmans pratiquants.

La « dépression » du tueur de Nice ne l'a pas empêché, en tout cas, de préparer minutieusement son coup, comme l'a révélé l'enquête, y compris sur le plan symbolique : un 14 juillet.

Ce sociologue iranien, qui fustigeait la loi contre les signes religieux, avait essayé d'influencer bon nombre de socialistes pour qu'ils reviennent sur la loi de 2004. Tout est bon, à leurs yeux, pour porter atteinte à la laïcité – le thème sous-jacent est : « Si vous ne voulez pas d'attentat, pratiquez une laïcité “ouverte”. » Ouverte à quoi ? À l'idéologie islamique ? Autrement dit, c'est une invitation à céder à la pression du pistolet sur la tempe, même si les naïfs et les gogos ne voient pas le pistolet.

Tous ces Iraniens ont œuvré d'un côté pour le « dialogue » et la négociation à propos du nucléaire avec le régime et d'un autre côté pour le droit au voile en Europe. Ils ont répété : l'Iran « s'ouvre ». Vraiment ? Vers qui ? Vers où ? L'Iran ne cesse de s'ouvrir : en 1989, dès que les affairistes du monde entier ont accouru en Iran pour passer des contrats et avoir leur part du gâteau. L'Iran s'est ouvert encore à l'époque du « modéré » et « réformateur » Khatami en 1997. L'Iran s'ouvre à nouveau après deux mandat d'Ahmadinejad, avec l'élection de Rohani en 2013. L'Iran ne cesse de s'ouvrir et, bizarrement, l'idéologie islamique progresse dans le monde et surtout en Europe dès que l'Iran s'ouvre. L'Iran s'ouvre et l'Europe souffre !

Il faut savoir que l'appareil étatique iranien est très complexe, doté d'institutions totalement duales : certaines servent de vitrine, comme le Parlement, mais les décisions se prennent ailleurs, dans l'arrière-boutique. Le régime s'appuie sur un système politique, juridique et militaire très sophistiqué, à la fois pyramidal et tentaculaire. En somme, les mollahs détiennent le pouvoir exécutif et le pouvoir juridique, et ils possèdent seuls les secrets de ce système indéchiffrable. Ils ont créé leur propre opposition au sein de leur système, à l'intérieur des institutions et dans la société. Grâce à plusieurs importants ministères du renseignement et de l'espionnage ainsi qu'à différents organes de répression paramilitaires, ils contrôlent, maîtrisent et étouffent toute vraie opposition, toute vraie contestation, à l'intérieur de leurs institutions comme à l'extérieur, dans la société et dans la rue.

Quelques constats depuis 2013, la dernière ouverture en date du régime iranien avec l'élection de Rohani. Depuis presque deux ans que les mains des mollahs ont été déliées grâce aux négociations et à la levée partielle des sanctions, leur armée idéologique comme leurs mercenaires sont plus présents, plus influents en Syrie, en Irak, au Liban, au Yémen… Le régime a retrouvé la respectabilité sur la scène internationale et il est courtisé par les affairistes. Nul n'ignore l'importance du business. Les affaires sont les affaires. Il faut vendre des avions, des armes… même au diable. Mais depuis presque deux ans justement, depuis la fin des négociations nucléaires, nous avons eu en Europe le flux des migrants syriens, irakiens, afghans… Or la Syrie, l'Irak, le Liban et même une partie de l'Afghanistan sont devenus l'arrière-cour du régime iranien. Nous avons eu aussi plusieurs attentats. Et l'idéologie islamique est devenue plus agressive. Quant au régime iranien, il a gagné sur le plan national : avec le désastre de la guerre civile en Syrie, tout espoir de révolte du peuple iranien est à jamais éliminé. Et sur le plan international il est redevenu respectable et fréquentable : et voilà qu'en France, des spécialistes conseillent de lutter avec le régime iranien contre Daech ! Eh bien, bon courage !

« Les États-Unis, certes trop tard, ont enfin compris que les fondements de Daech se trouvaient en Arabie Saoudite », affirme Satrapi, dans *Le Point* du 11 mars 2015.

Oui, l'Iran s'ouvre, alors qu'il exécute autant qu'avant, si ce n'est plus. Il s'ouvrira encore plus, à en croire ses défenseurs. Le tourisme, nous disent-ils, va encore encourager son ouverture. Des décennies de tourisme n'ont pas empêché la montée de l'islamisme dans les pays du Maghreb ni en Égypte, mais il va éradiquer un des pires régimes islamiques qui existent. Oui, le tourisme en Iran va encourager l'ouverture du régime, mais en attendant il faut que les hôtesses d'Air France portent le voile. D'ailleurs, notre président François Hollande, qui espère concrétiser quelques contrats avant la fin de son mandat avec l'Iran pour améliorer l'économie du pays, et qui espère être réélu avec l'appui des votes musulmans en France, nous a expliqué que le voile en soi n'était pas un problème, tout dépendait de la manière dont on le portait. Dommage qu'il n'ait pas pensé à apporter un voile avec lui pour nous faire la démonstration !

L'Iran « s'ouvre ». Eh bien s'il continue à s'ouvrir ainsi, si l'Iran revient sur la scène internationale fort de sa toute-puissance, l'Europe sera islamisée d'ici dix ans, ou alors on connaîtra des guerres civiles.

Lorsqu'en 1991 – je vivais encore en Turquie –, je disais à mes amis turcs, très laïques : « Vous allez avoir un gouvernement islamique », ils se récriaient : « Tu ne connais rien à la Turquie. Nous sommes le pays le plus laïc au monde. Jamais les femmes turques n'accepteront de se voiler. Jamais... » J'ai été ahurie lors de mon dernier voyage à Istanbul, en 2010, par le nombre de jeunes femmes voilées : en 1991, il n'y en avait aucune !

Diaspora, régime et peuple iraniens

Dès la fin de la guerre Iran/ Irak, en août 1988, nous, les Iraniens, nous espérions, pensions, étions certains que les Américains allaient débarquer et bombarder le siège du régime et ce qui restait de son armée idéologique pour nous libérer. Le régime était exsangue après huit années de guerre contre l'Irak. Les Occidentaux ne vont pas commercer avec l'Iran, pensions-nous, naïvement. Ni avec les mollahs, qui vilipendaient le grand et les petits Satan ! Encore moins avec Khomeiny, qui avait, au mépris de toutes les lois internationales, envahi l'ambassade des États-Unis.

Dès la mort de Khomeiny, le 3 juin 1989, nous, la jeunesse iranienne, nous étions en liesse, les Américains allaient débarquer puisque, sans Khomeiny, le régime était très affaibli.... Mais toujours rien.

Après la chute du mur de Berlin, cette fois nous en étions sûrs : le communisme était ébranlé, les Américains allaient débarquer... On pariait partout, dans les rues, dans les taxis, sur la date du renversement du régime.

Après le démantèlement de l'ex-URSS enfin, il n'y eut plus de place pour le doute. Plus rien ne retenait les Américains. Un boulevard s'ouvrait devant eux. Différentes dates du débarquement américain circulaient parmi les jeunes... Dans un mois, dans trois mois... très bientôt. Les uns pariaient sur la réinstauration de la monarchie, les autres sur une République comme en Turquie. À l'époque les laïcs étaient encore au pouvoir en Turquie et j'étais encore étudiante en Iran.

C'est à la fin de 1991 que j'ai compris que le régime des mollahs en avait encore pour longtemps, et j'ai quitté l'Iran.

Ni en 1988, à la fin de la guerre Iran/Irak, ni après la mort de Khomeiny, en 1989, ni après la chute du mur de Berlin, ni après le démantèlement de l'ex-URSS, les attentes du peuple iranien n'ont trouvé le moindre écho en Occident, ni en Europe ni aux États-Unis. Jamais les médias américains, européens n'ont parlé des espoirs que nourrissait le peuple iranien. Il existait pourtant déjà une diaspora importante en Occident, en lien avec le pays.

En mars 2003, durant les premières semaines après la chute de Saddam Hussein, avant que la situation ne se gâte en Irak, les Iraniens étaient à nouveau en liesse, non parce que le régime irakien qui leur avait fait la guerre durant huit ans était renversé, mais parce qu'ils pensaient, espéraient que cette fois-ci, après Saddam Hussein, ce serait le tour des mollahs. Mais leurs attentes n'ont trouvé aucun écho dans les médias occidentaux. Ceux et celles qui, dans la diaspora iranienne proche du régime, jouent les passerelles entre les médias occidentaux et la « réalité » iranienne veillaient au grain.

Saddam Hussein, qui, bien que dictateur, n'avait rien à se reprocher dans les attentats du 11 Septembre, avait eu l'imprudence de dire en substance, on s'en souvient : les Américains récoltent ce qu'ils ont semé. Le régime iranien, lui, qui avait accueilli un bon nombre de talibans et de membres d'Al-Qaïda, et qui avait soutenu les mouvements djihadistes et terroristes aux quatre coins du monde, a très habilement organisé des manifestations de soutien aux victimes du 11 Septembre.

Dès mars 2003, je suis allée voir André Glucksmann, un des rares intellectuels français à avoir soutenu la guerre de Bush. Je lui ai fait part de la situation en Iran en lui disant que si les Américains n'attaquaient pas tout de suite les mollahs, ce serait le régime iranien qui s'infiltrerait en Irak. Mais l'opinion mondiale anti-Bush et sa guerre stupide contre l'Irak rendaient inaudible tout raisonnement. Bien avant l'intervention américaine en Irak, les Iraniens comme Adelkhah, Kian, Satrapi, Khosrokhavar… tentaient de convaincre les Européens et surtout les Américains de ne pas attaquer le régime iranien.

Nul ne pensait que des mollahs incultes pussent s'emparer d'un pays aussi important que l'Iran, et si le régime des mollahs a pu se maintenir au pouvoir près de quarante ans, c'est d'une part grâce à son armée idéologique, Pasdaran, Bassidji, Al-Qods – force spéciale iranienne intervenant à l'étranger – et à son service d'espionnage tentaculaire interne, mais d'autre part grâce à l'appui d'une partie de la diaspora iranienne partout dans le monde, dont la collaboration a été indispensable.

À l'instar des agents d'influence du communisme qui vantaient les mérites du « Paradis des travailleurs » en Occident pour influencer intellectuels, politiques et artistes, afin de répandre le communisme en Occident, les mollahs ont envoyé leurs agents d'influence pour répandre leur idéologie en Occident. Et ils ont très bien réussi.

Non qu'il n'y ait pas de vrais opposants parmi la diaspora : il existe les Moudjahedine du peuple, les royalistes et aussi des petits groupes partisans d'une République laïque et des esprits indépendants, incapables de se rassembler. Être démocrate n'est pas la qualité principale des Iraniens. Mais il reste que, pour l'ensemble, une bonne partie de la diaspora sert de façon plus ou moins active, plus au moins camouflée, les intérêts d'un régime dont le peuple iranien, dans son immense majorité, souhaite voir la fin.

On se trompe si on croit que les guerres en Syrie, en Libye et en Irak sont les seules causes de ce qui nous arrive en Europe.

Le fait qu'on ait laissé pourrir la situation dans beaucoup de pays musulmans en soutenant des dictateurs islamistes, qui d'ailleurs sont très actifs sur le terrain en Syrie, en Irak, en Libye et en Afghanistan comme en Afrique, a joué un rôle déterminant dans l'expansion de l'idéologie islamique en Europe. Les candidats au djihad, le terrorisme islamique n'auraient jamais existé en Europe, en Occident, si un travail idéologique depuis des années n'y avait préparé le terrain.

Les guerres en Syrie, en Libye, en Irak ont, bien évidemment, accéléré le terrorisme en Europe, mais souvenons-nous que les menaces d'attentat étaient bien antérieures à ces guerres.

J'ai toujours pensé qu'au lieu de l'Irak, Bush aurait dû attaquer le régime des mollahs. Si le but des Américains était vraiment d'exporter la démocratie, ils auraient dû commencer par un pays dont la population est à 90 % pro-occidentale et dont le régime, que la jeunesse de l'époque espérait voir s'écrouler sous les bombes américaines, est le véritable inventeur de l'islamisme.

Si nous sommes en guerre, il faut savoir que cela fait des années que les dirigeants des pays islamiques préparent la leur. N'ayant pas les moyens militaires leur permettant d'attaquer les pays européens, ils ont employé les méthodes anciennes et entrepris de les détruire de l'intérieur. Le cheval de Troie. La cinquième colonne. Ils nous ont pris par nos faiblesses. Bien qu'illuminés, les dirigeants islamistes ont le sens de la réalité et savent mesurer les rapports de force.

Même en 2009, malgré le désastre irakien, le peuple iranien demandait l'intervention américaine. *Obama ya ba ouna, y ba mâ*, scandait la jeunesse en Iran : « Obama ! Tranche : ou le régime ou nous ! » Obama a tranché en faveur du régime criminel qui a massacré les gens et fait régner la terreur. Il n'y aurait jamais eu de guerre civile en Iran : les Iraniens ne sont pas de grands guerriers, mais de fins stratèges ; il n'existe pas en Iran de clivage sunnites/chiites ; 98 % des Iraniens sont chiites. Et, à dire vrai, 80 % sont laïcs. Enfin, les Iraniens sont farouchement attachés à la sauvegarde de leur civilisation, enfin de ce qu'il en reste. Aujourd'hui encore, si l'on voulait définitivement déraciner l'idéologie islamique et mettre un terme au terrorisme qui en résulte, il faudrait d'abord en finir avec le régime iranien qui a créé cette idéologie mondiale, à condition que les rapports de pouvoir avec la Russie et la Chine le permettent. Il faudrait, si ce n'est pas déjà trop tard, non pas coloniser, mais occidentaliser l'Iran – cela exige une coalition totale et solide entre l'Europe et l'Amérique. Et de l'Iran, combattre Daech et Bachar al-Assad en même temps. Si la Russie s'empare de l'Iran, comme elle est en train de le faire, eh bien, l'Europe aura de très grands soucis à se faire.

Obama, fils du peuple contre Bush, fils à papa !

Il avait tout pour déplaire, George W. Bush ; même avant sa guerre en Irak. Républicain, fils à papa, pas cultivé, piètre orateur, mauvais communicant, plutôt laid, mauvais stratège, pas diplomate… il n'accumulait pas les qualités.

Barack H. Obama avait tout pour lui : fils du peuple, black, racé, beau gosse, un corps qui fait rêver, bon orateur, excellent communicant, grand stratège, diplomate, une démarche de danseur, sorti de l'ombre pour atterrir directement à la Maison Blanche. Lui-même n'y croyait pas.

Je n'ai jamais été pro-Obama, pas même au début, mon article dans le *JDD* en 2009 en fait foi. Je pense qu'à cause de Bush, l'Amérique et le monde se sont privés d'un grand président républicain, John McCain. Obama a été élu grâce au soutien des stars de Hollywood, de l'animatrice de télé Oprah Winfrey et de la campagne très active des puissants lobbies iraniens aux États-Unis. Tout cela suffisait à susciter ma méfiance. Sa politique désastreuse nationale et surtout internationale n'a pas déçu mon pessimisme.

Sur le plan national, il a, entre autres, attisé les haines raciales et jeté définitivement le discrédit sur l'establishment politique.

Sur le plan international, il a été un vrai désastre. On lui doit l'aggravation de la situation en Irak, à cause du retrait précoce des soldats américains avant qu'ils n'aient fini le job. On lui doit la guerre en Libye. Même si en France on aime bien accabler Sarkozy et Bernard-Henri Lévy, tout le monde sait que sans l'aval d'Obama aucun avion français ou anglais ne pouvait décoller. De même, sa marche arrière in extremis à propos de la Syrie a stoppé les Mirage français qui s'apprêtaient à décoller, empêchant Hollande de punir Assad. C'est qu'Obama avait négocié dans le dos des Européens avec les Iraniens, sur qui il faisait pression via la Syrie pour les obliger à revenir à la table des négociations sur le nucléaire. On lui doit donc aussi la guerre civile en Syrie.

Obama avait fait, rappelons-nous, du retrait des soldats américains d'Irak et de négociations directes avec le régime iranien deux thèmes majeurs de sa première campagne électorale dès 2007, au moment des primaires démocrates. Et c'est pourquoi j'étais anti-Obama dès le départ ; car il se trouve que, comme je l'ai déjà écrit dans mon essai *À mon corps défendant, l'Occident*, publié en 2007, le Guide du régime iranien avait fait du départ des soldats américains d'Irak un préalable à toute discussion avec les Américains, que ce fût sur le nucléaire ou sur le rôle « stabilisateur » de l'Iran en Irak.

Dans *Le Monde* du 20 mai 2006, Henry Kissinger nous mettait déjà en garde contre tout retrait américain de l'Irak : si un régime de type fondamentaliste émergeait dans une partie de l'Irak, pendant ou après un éventuel retrait américain, précisait-il, tous les pays abritant des populations musulmanes, de l'Europe à l'Asie du Sud-Est, y compris l'Inde, s'en trouveraient affectés. Et Obama a effectué le retrait. Il a ainsi réalisé le vœu le plus cher des mollahs iraniens.

Et pourtant personne n'accable Obama. Même lorsqu'il espionne le président français ou la chancelière allemande, la critique reste modérée à son égard. Même les révélations d'Edward Snowden ne parviennent pas à entamer sérieusement son crédit. Aujourd'hui encore Obama est très acclamé, alors qu'il a été le président américain le plus antieuropéen.

Son fameux discours au Caire en 2009 m'avait révoltée. Alors que les manquements aux droits de l'homme sont légion dans les pays musulmans, son seul souci était que les femmes puissent porter le voile, y compris la burqa. Il a même garanti qu'aux États-Unis quiconque empêcherait une femme de porter le voile serait puni par la loi ! Il a déclaré que le voile était une liberté religieuse qui devait être respectée. En faisant une allégeance directe aux Frères musulmans, qui par ailleurs sont très proches des mollahs iraniens, Obama annonçait le printemps arabe pour qui savait l'entendre. Rappelons que le président Morsi a accouru en Iran dès son élection. Aucun mouvement féministe américain, européen, n'a protesté contre le discours pro-islam d'Obama au Caire. Il faudrait rappeler à Obama que l'esclavagisme est aussi considéré comme un droit et une liberté dans le Coran, qui conseille aux maîtres de traiter leurs esclaves équitablement. Qu'en pense-t-il, le premier président noir ?

Il a imputé récemment le chaos syrien et libyen aux manquements de la France et de l'Angleterre qui auraient dû surveiller et maîtriser la situation dans ces deux pays. Je vous laisse imaginer ce qu'il dira dans un an ou deux à propos de l'accord nucléaire qu'il a obtenu avec l'Iran, quand tout s'effondrera.

Obama porte aussi une responsabilité dans la création de Daech, dernier avatar islamique. Outre le fait qu'il a offert l'Irak sur un plateau d'argent au régime iranien, outre le fait qu'il a refusé d'intervenir en Syrie, il a exécuté en grande pompe Ben Laden, en a diffusé dans le monde entier les images pour sa plus grande gloire personnelle et pour favoriser sa propre réélection, et il a engendré des milliers de Ben Laden.

Sous ses deux mandats, huit ans au total, l'islamisme a décuplé au Proche et Moyen-Orient, au Maghreb, en Afrique comme en Europe. Et voilà qu'il affiche, non sans mépris et arrogance, un désintérêt total pour le Proche et le Moyen-Orient. Un désintérêt total pour l'Europe.

Je pense qu'Obama aurait fait moins de dégâts en jouant dans sa série favorite *Homeland* qu'en jouant au président des États-Unis.

En 2009, face à la répression sanglante de la révolte du peuple iranien par le régime, les commentateurs nous expliquaient que la révolte du peuple iranien souffrait du manque d'un leader charismatique et bizarrement, à peine un an plus tard, les révoltes sans leader charismatique en Tunisie comme en Égypte ont abouti ; le régime de Ben Ali et celui de Moubarak se sont écroulés comme un château de cartes au profit de Ennahdha et des Frères musulmans, deux mouvements islamistes qui ne juraient que par les mollahs iraniens. Khamenei, le guide suprême, a tout de suite salué le printemps arabe. Il y avait de quoi !

On doit remercier le ciel et la terre que les Frères musulmans aient été renversés en Égypte, ce qui a entraîné six mois plus tard la chute de Ennahdha en Tunisie. Imaginez la gravité de la situation dans laquelle l'Europe se serait trouvée, si ces deux mouvements islamistes étaient encore au pouvoir.

En 2013, lors du renversement par l'armée des Frères musulmans et du président Morsi, j'étais aux États-Unis et, en zappant sur les chaînes d'infos, je tombe sur une foule manifestant dans les rues du Caire en brandissant des effigies d'Obama barbu et enturbanné à côté des effigies de Ben Laden. Dans la matinée même, Obama sollicitait l'aide de John McCain qui s'est précipité au Caire pour négocier avec l'armée égyptienne et calmer la foule. Obama lui-même est apparu en direct sur plusieurs chaînes de télévision. Très ému, en grand acteur, il a raconté que dans sa jeunesse il avait été victime personnellement du racisme, que lorsqu'il montait dans un ascenseur avec une femme blanche, elle serrait son sac contre elle… Il a déclaré d'une voix tremblante que le racisme à l'endroit des Noirs était une réalité aux États-Unis. Ainsi il a instrumentalisé l'affaire Zimmerman : un vigile d'origine mexicaine qui avait tué un Noir américain ! L'Égypte, le renversement de Morsi, les manifestations de la foule égyptienne brandissant l'effigie d'Obama en islamiste barbu et enturbanné ont disparu des écrans au profit des confidences personnelles et très émouvantes d'Obama qui passaient en boucle sur toutes les chaînes. Démocrates et républicains, divisés, ont commenté durant toute la semaine les confidences du président : il jette de l'huile sur le feu et attise les tensions raciales, s'indignaient journalistes, politiques, commentateurs républicains, alors que, côté démocrate, on compatissait avec le jeune Obama victime. Le président des États-Unis, l'homme le plus puissant du monde, alors que le Moyen et le Proche-Orient étaient à feu et à sang et que les morts et les blessés se comptaient par milliers, se plaignait en direct à la télé d'avoir été victime du racisme ! Même le grand stratège président musulman de la France imaginé par Houellebecq dans son roman *Soumission* n'aurait eu une telle habileté.

Non, personne n'accable Obama, alors que Bush avait reçu des chaussures sur la tête devant les caméras du monde entier. Si un journaliste syrien jetait ses chaussures sur la tête d'Obama, l'accuserait-il de racisme ?

Et si les islamistes étaient avant tout des obsédés sexuels ?

Les rapports entre le masculin et le féminin commandent la constitution symbolique de toute société. Il existe de ce point de vue des différences radicales entre les diverses cultures en fonction, notamment, de leur rapport à l'histoire. Les sociétés occidentales ont connu une évolution accélérée vers la forme démocratique qui se traduit, de façon encore incomplète, par l'égalité absolue des sexes. L'islam est, en règle générale, encore étranger à cette évolution et théorise la différence des sexes, une différence essentialisée qui se retrouve aussi bien dans la structure familiale que sur le plan social, juridique et politique. Il est intéressant de souligner que ceux qui dénoncent haut et fort les tentatives d'essentialisation des musulmans en Occident n'abordent jamais le fait que l'islam essentialise la condition féminine, et les rapports entre hommes et femmes.

L'idée que le féminin et le masculin existent en chaque être humain, quel que soit son sexe, terrifie les musulmans fanatiques et les islamistes.

Ils préfèrent annihiler la moindre trace de féminin en eux. Le chromosome X n'est pas populaire parmi les islamistes.

Beaucoup d'intellectuels musulmans disent que l'islam accorde une place importante au domaine sexuel ; certes, mais à la sexualité masculine seulement.

Qu'est-ce que désirer quelqu'un, si ce n'est vouloir le mettre en soi, le faire entrer dans son corps ? « Je porte ton odeur sur mon corps, le goût de tes baisers sur mes lèvres. Je respire ton souffle. Dans tes bras je ne sais plus où mon corps se termine et où le tien commence. » Être amoureux, c'est faire du corps de l'autre son sanctuaire. C'est faire corps avec l'autre.

Or pour les islamistes, comme pour les musulmans intégristes, lorsqu'un homme, un garçon, est ému par le contact d'une femme, par l'odeur d'une femme, ou tout simplement, par la vue d'une femme, il devient impur !

Mollahs et imams inculquent ces dogmes « éducatifs » aux adolescents et aux adolescentes. D'où le zèle des gamins, dès douze/treize ans, pour que leurs sœurs, leurs cousines, les filles de leur quartier portent le voile.

Désirer rend vulnérable, dépendant. Humain. Fragile. Les islamistes haïssent l'objet de leur désir : la femme. Ils ne supportent pas ce désir qui les rend dépendants du corps féminin, de ce corps tabou. De ce corps inférieur. Ce désir leur révèle la part féminine de leur masculinité. Malgré leur barbe hirsute, auraient-ils une part de féminité en eux ? Quelle horreur !

Mieux vaut pour eux se tenir à bonne distance de la gent féminine. Serrer la main à une femme pourrait les contaminer, les entacher de féminité ou faire naître une étincelle de désir en eux : un trouble. Une érection. Désirer une femme pour un islamiste est une faiblesse. Le désir rend impur. Tout ce qui a un lien avec la sexualité est impur.

La femme n'est pas seulement l'objet du désir ; étant malgré tout un être humain, elle-même désire. Le désir de la femme est coupable. Condamnable. Une femme qui désire est une pute. Le désir de la femme crée le trouble, le désordre, la guerre : la *fitna*. La femme n'a pas à désirer car son désir n'est pas nécessaire à la reproduction. L'homme, lui, doit bander, éjaculer. Son désir est nécessaire à la reproduction. Son désir compte. Seul compte le désir des hommes. Les femmes n'existent que pour assouvir le désir avilissant des hommes.

En Iran, les mollahs interviennent régulièrement dans les établissements scolaires pour expliquer aux jeunes filles pubères que le sang de leur menstruation les rend impures et que, si jamais un garçon est troublé sexuellement par leur odeur ou par leur vue, c'est de leur faute. Elles sont coupables d'habiter un corps féminin qui ne leur appartient pas.

J'entends déjà la voix de Tahar Ben Jelloun ou de Yasmina Khadra : ma femme m'a tout donné, etc. Oui, il existe beaucoup d'hommes, musulmans ou non, en tout cas issus de pays musulmans et de familles musulmanes, qui ne voient pas la femme comme un être inférieur, qui sont des maris, des amants, des amis attentionnés. Le mari musulman d'une amie m'a dit un jour : « Avant de me marier, je n'étais qu'un homme, ma femme m'a rendu humain. » Il y a des musulmans qui échappent à la règle, mais ce serait un déni, sinon une forme de collaboration avec l'oppression, que de ne pas reconnaître la réalité : la femme, à moins d'être épouse et mère, n'a aucune place dans une société musulmane, ni d'ailleurs dans l'au-delà. Le paradis, dans le Coran, est promis aux mères, mais le sort des pauvres femmes stériles après leur mort n'est pas précisé, et ne parlons même pas de celles qui refusent de devenir épouse ou mère !

Les agressions sexuelles contre les jeunes femmes à Cologne et à Hambourg pendant la nuit du Nouvel An 2016 ont suscité un vif émoi en Allemagne. S'il est criminel de soupçonner tous les réfugiés et immigrés musulmans, s'il est nécessaire de ne pas céder à l'essentialisation en mettant tous les immigrés et réfugiés musulmans dans le même sac, il serait cependant très grave d'imputer ces « incidents » à la délinquance ordinaire, ou à la culture patriarcale, comme c'est la coutume chez quelques sociologues et féministes. Refuser de comprendre que le rapport au corps n'est pas le même dans la culture musulmane d'aujourd'hui et dans la culture chrétienne d'aujourd'hui sera lourd de conséquences à l'heure où des centaines de milliers de réfugiés arrivent en Europe. Refuser de comprendre que la place de la femme, le rapport hommes/femmes sont très différents dans la culture européenne et dans la culture musulmane sera un déni lourd de conséquences.

Quand le patriarcat a-t-il mis un tchador ou une burqa sur la tête des femmes en Europe ? Jamais. Pas même au Moyen Âge.

Le fichu que les femmes portaient sur la tête dans la tradition européenne n'a jamais annihilé le corps des femmes comme c'est le cas dans l'islam aujourd'hui.

Il faut savoir que le voile sur la tête d'une adolescente ou d'une femme signifie que dès qu'un centimètre de peau dépasse du tissu qui doit la dissimuler, le harcèlement, la violence sexuelle, le viol relèvent de la responsabilité, de la culpabilité féminine. C'est comme ça dans presque tous les pays musulmans, et nous le savons tous. « Si elle ne voulait pas être violée, pourquoi s'habillait-elle comme une pute ? », argumentent toujours les mères qui défendent leurs fils violeurs. Je précise que, sans minijupe, sans décolleté, sans boire de l'alcool, sans flirter, une femme tête découverte est déjà considérée comme une pute par les musulmans fanatiques, par les islamistes qui refusent de serrer la main à une femme. Dans ce sens le voile autorise, légitime toute violence à l'endroit des femmes, des fillettes.

Avant les incidents de Cologne, des femmes journalistes n'avaient-elles pas été agressées sexuellement par des Frères musulmans au Caire, sur la place Tahrir ?

Dans les sociétés musulmanes, le harcèlement, l'agression, la violence sexuelle à l'endroit des femmes, alors qu'elles sont toutes ou en majorité voilées, sont infiniment plus courants que dans les sociétés européennes, où les femmes en maillot de bain entrent dans la mer ou dans une piscine mixte pour nager.

Oui, la misère sexuelle est immense dans les pays musulmans où l'éducation dogmatique religieuse condamne le désir, l'amour libre, la sexualité, le corps tout court. Où filles et garçons, en règle générale, sont élevés dans le mépris du sexe féminin. Existe-t-il dans des pays musulmans des jeunes femmes seules qui puissent flâner librement à l'extérieur ? Non. L'extérieur n'appartient qu'aux hommes.

Le corps de la fille, de la femme, matérialise l'honneur (*namous*) du père, des frères, de l'oncle, des cousins, des hommes de la famille, du quartier, de la nation. L'honneur des hommes dépend du corps des femmes. Il est gravé sur le corps des femmes. La femme, elle, n'a pas d'honneur, elle est l'objet de l'honneur des hommes. Elle, elle doit avoir la pudeur et la honte (*hojb* et *haya*).

Le voile, au risque de décevoir les nouvelles voilées occidentales, n'a rien à voir avec la pudeur. En Iran, la prostitution sous le voile, sous le foulard, sous le tchador, fait rage. La pudeur est le respect du corps de l'autre et non la honte du sien.

Hommes comme femmes, nous avons deux jambes, deux bras, un cerveau... Ce qui nous distingue, c'est notre sexe. Notre entrejambe. Le voile condamne la femme à cause de son entrejambe. Le voile réduit la femme à son entrejambe. En ce sens, le voile est pornographique. Le voile dénie à la femme sa qualité d'être humain, d'être pensant, et la définit seulement par son sexe.

Pour que les musulmans fanatiques ne s'engouffrent pas dans la brèche, il serait peut-être souhaitable que les pays qui accueillent les réfugiés leur fassent signer un contrat social spécifiant qu'ils accepteront le mode de vie et les règles du pays d'accueil. Qu'ils n'auront pas de revendications religieuses spécifiques. Cela doit être une exigence. Il est important aussi de prévoir une éducation civique et sexuelle pour hommes et femmes réfugiés et immigrés. Sinon le problème de l'islamisme en Europe sera dans un avenir très proche décuplé, car ceux des musulmans fanatiques qui débarquent vont constituer demain de nouvelles minorités islamistes actives.

L'islam et ses devanciers

Les ressemblances entre les quatre et non trois religions monothéistes qui ont survécu et qui sont dites révélées sont très remarquables :

Le Dieu du zoroastrisme, Ahura Mazda, formule à Zarathoustra ses commandements sur la Montagne des deux Communions. Dans le judaïsme, Yahvé formule à Moïse ses commandements sur le mont Sinaï. Dans l'islam, Allah dicte ses lois à Mahomet sur la montagne Jabal al-Nour. Les écritures zoroastriennes mentionnent six périodes de la Création qui annoncent les six jours de création de la Genèse. Dans le zoroastrisme, l'humanité descend d'un couple unique : Mashya et Mashyana, qui deviennent les Adam et Ève du judaïsme. L'Avesta, le livre des Zoroastriens, a été révélé par Dieu, comme la Torah, la Bible, et le Coran. D'autres ressemblances sont frappantes : le démon qui pousse les hommes à faire le Mal. L'existence du Bien et du Mal (le Bien et le Mal sont au fondement de chaque être humain dans le zoroastrisme). Le jugement après la mort, l'enfer et le paradis. L'immortalité de l'âme et la résurrection des corps à la fin des temps. La liberté de l'homme responsable de ses choix et de son destin. La pratique des cinq prières quotidiennes a été également empruntée aux zoroastriens, de même que le thème de la pesée des actes bons ou mauvais. Les lois de purification de la souillure sont aussi élaborées dans le code zoroastrien que dans le Lévitique. Enfin, les tables de la loi judaïque ressemblent beaucoup au code mésopotamien de Hammurabi, texte juridique babylonien, écrit en caractères cunéiformes, dont quelques tablettes sont exposées au Louvre.

Le christianisme et le judaïsme ont reconnu l'influence exercée par les religions païennes de l'Antiquité. Le Coran lui-même place les zoroastriens au même niveau que les juifs et les chrétiens, comme des *Ahl al-Kitab*, des gens du Livre (sourate XXII.17). Ajoutons que le symbolisme des nombres est identique dans les quatre religions et que, dans la description du paradis musulman, de nombreux mots sont d'origine perse. Ce qui prouve qu'une partie du Coran a été écrite après l'invasion de l'Iran par les Arabes. Les sunnites et les chiites s'accusent mutuellement d'avoir falsifié la parole d'Allah. Pour les premiers, largement majoritaires dans le monde, Allah avait désigné

Abou Bakr comme successeur de Mahomet et, pour les chiites, Allah avait désigné Ali et ses descendants comme successeurs de Mahomet. Des querelles de famille, rien de plus…

À l'époque du zoroastrisme, après quelques siècles de guerre, pendant lesquels les musulmans envahirent la Perse, les rois sassanides étaient considérés comme les représentants de Dieu sur terre ; les musulmans ont adopté cette tradition et le Califat des musulmans a aussi revendiqué d'être le représentant de Dieu.

Le feu, dont la lumière, la chaleur et l'énergie symbolisent la vie, est sacré pour les zoroastriens. Dans leurs temples, le feu est toujours préservé. Les cierges allumés dans les églises, les cierges que nous avons déposés place de la République après le 13 novembre, pour opposer la vie à la mort, nous viennent de cette tradition.

Toutes ces ressemblances, et il y en a bien d'autres, entre les quatre religions monothéistes nous prouvent que les idées, les pensées, les symboles, les traditions, les croyances, les inventions, les écrits, se transmettent d'une génération à l'autre, d'un siècle à l'autre, d'une religion à l'autre et d'une langue à l'autre en s'adaptant aux coutumes et à l'histoire de chaque peuple.

Le vrai problème, c'est que des jeunes nés en France, scolarisés dans les écoles de la République laïque, ne sachent pas qu'une grande partie du

Coran est la reproduction en arabe de beaucoup de textes antérieurs. Que les ressemblances entre les religions sont bien plus importantes que leurs différences – qui sont essentiellement conjoncturelles, historiques et politiques.

Si on enseignait à l'école la genèse et l'histoire des religions, mais de toutes les religions et d'une façon objective, non partisane et non prosélyte, des enfants, des adolescents ne deviendraient pas la proie de l'idéologie islamique expansionniste. Les enfants sont beaucoup plus réceptifs que les adultes. Et tout se joue avant dix/douze ans.

Dès l'instauration du régime islamique en Iran, les manuels scolaires ont été refondus. Toute référence à l'histoire de l'Iran préislamique en a été effacée, l'humanité et son histoire ne commencent qu'avec l'islam. Les mollahs faisaient souvent référence à la sourate 7 verset 157 du Coran dans laquelle il est dit que la venue de Mahomet, dernier prophète analphabète, avait été annoncée dans la Bible et dans la Torah. Et ils affirmaient que les juifs et les chrétiens, infidèles et traîtres, avaient éliminé l'annonce de la venue de Mahomet de leur livre sacré. De ce fait, ils concluaient qu'Abraham était musulman, que Noé était musulman et qu'Adam et Ève étaient aussi musulmans. Voilà pourquoi aux yeux des islamistes nous sommes tous des blasphémateurs : quelle que soit notre religion d'origine, nous sommes censés embrasser l'islam de par la volonté de Dieu.

Le djihad et ses candidats

Pourquoi les jeunes partent-ils en Syrie ? Les réponses sont diverses : pour les mêmes mille et une raisons qui ont amené des centaines de millions de jeunes à travers l'histoire de l'humanité à faire des guerres absurdes. Au nom de la haine de l'autre. Ce ne sont en rien des phénomènes nouveaux. A-t-on oublié les guerres qui ont ensanglanté l'Europe, l'Orient, l'Amérique, la terre entière ? On part faire la guerre quand on est jeune à cause d'une rupture, d'une déception amoureuse ; à cause de problèmes familiaux, de conflits sociaux, professionnels ; à cause de la haine, d'une idéologie, du désir de domination, de conquête, d'invasion ; on part à la guerre pour des raisons économiques, on fait la guerre parce qu'on est fils de pauvres, marginalisé, stigmatisé, exclu, pour assouvir ses instincts les plus agressifs, pour assouvir ses pulsions meurtrières, pour défendre ses idéaux, être dans le coup, dans le sens de l'histoire, même si le plus souvent on fait la guerre parce qu'on a été mobilisé.

On a rarement fait la guerre, dans l'histoire de l'humanité, pour défendre les valeurs et les principes de la démocratie. La preuve en est que la démocratie est très minoritaire après quelques milliers d'années de guerre sur terre. Des jeunes désespérés, discriminés, stigmatisés, délinquants, pauvres, névrosés, dérangés, suicidaires, exclus, des bourgeois endoctrinés ou de simples crétins ont existé depuis toujours et dans toutes les nations, dans tous les pays, tribus, communautés.

Et puis les hommes aiment faire la guerre. Même les dirigeants politiques. On a souvent exploité la chair à canon pour défendre la patrie. Et c'est là que le bât blesse aujourd'hui. Pourquoi diable de jeunes Européens, nés en France, en Belgique, en Angleterre considèrent-ils l'islam comme leur patrie au lieu de leur pays de naissance, leur pays d'enfance ?

La réponse ne se trouve pas dans des explications du genre : ils vivent dans des cités, des banlieues, des quartiers stigmatisés, des ghettos, ils ont eu une enfance difficile, dans des familles déstructurées… Ceux qui partaient, avec ferveur, dans toutes les nations, dans toutes les guerres, défendre leur patrie étaient, en majorité, des fils de pauvres, les plus mal lotis, qui ne connaissaient pas les merveilles de leur pays. Ce n'est pas parce qu'ils ont des problèmes familiaux et sociaux en France ou en Europe que ces jeunes partent faire le djihad, ni parce « qu'ils ne connaissent pas deux sourates du Coran ».

On doit plutôt se demander pourquoi, au nom d'un Coran dont ils « ne connaissent pas deux sourates », ces jeunes sont prêts à mourir et à tuer. Pourquoi cet islam qu'ils ne connaissent pas crée-t-il une telle haine en eux contre leurs semblables ? En vérité, ils « connaissent » beaucoup plus qu'on ne le pense. Ils connaissent le Coran par la transmission orale, par l'héritage ancestral et/ou inconscient, par l'éducation familiale, et surtout à travers les discours des islamistes. Ils « connaissent » le Coran par leur croyance dogmatique. Cette connaissance/croyance, empoisonnée, fanatisée est devenue leur Savoir Unique. L'Unique Savoir. Ils savent, et c'est pour ça qu'ils vont tuer des gens qu'ils ne connaissent même pas. Contre qui ils n'ont aucune animosité personnelle. Ils tuent parce qu'ils *savent*. Ils *savent* d'un savoir certain que ce que les autres savent n'a aucune valeur. Aucune. Ils savent que ceux qui ne partagent pas leurs croyances, juifs et chrétiens qui se refusent à se convertir à la dernière religion de Dieu, athées, mécréants, *kâfar*, impies, infidèles, « non-croyants », et les mauvais musulmans occidentalisés, sont tous des ennemis. Ils *savent* et seul compte leur savoir fanatique.

Quant aux égorgements, ils ont existé autrefois. Avant l'invention des pistolets et des armes à feu, comment les guerriers s'entretuaient-ils ? Ne portaient-ils pas la tête de leur ennemi comme trophée au bout de leur épée ? Aujourd'hui, la situation est exacerbée par la mise en scène mondiale sur Internet des images qualifiées de barbares. Barbares, les plus civilisés l'étaient, il n'y a pas si longtemps, à ceci près qu'ils ne disposaient pas des moyens technologiques de diffuser instantanément et mondialement de telles images.

Si nous voulons sérieusement trouver des solutions à cette situation qui, en l'absence de décisions appropriées, s'aggravera, il faut tout d'abord rompre avec un discours grandiloquent, vide de sens et de contenu. Le barbare et le civilisé sont en chacun de nous, l'inhumain et l'humain aussi. Si tuer l'autre signifie le déshumaniser, eh bien, ce n'est pas nouveau, ça existe depuis la nuit des temps.

Si nous ne saisissons pas le sens symbolique des actes de nos ennemis, nous ne pourrons pas lutter efficacement contre eux. Par exemple, la mise en scène sur Internet des scènes primitives de guerres archaïques, des égorgements, a pour but de réveiller dans l'inconscient collectif des jeunes musulmans, susceptibles d'être intéressés par le passage à l'acte, les guerres saintes menées par les premiers musulmans dès la naissance de l'islam :

le souvenir des guerres menées par Mahomet lui-même, et celles qui ont suivi sa mort, les guerres de pouvoir, les guerres de conquête ou les guerres entre chiites et sunnites qui ont duré des siècles. À l'époque, on égorgeait l'ennemi d'un coup d'épée; la mise en scène mondiale de cette image a pour but de raviver la mémoire des origines, des conquêtes glorieuses de l'islam.

Internet est utilisé pour le meilleur et pour le pire. Et, comme toujours, le pire fascine beaucoup plus. Internet joue un rôle néfaste dans cette guerre à géométrie variable. Il est devenu le lieu où se déversent les haines de tout genre.

Si la célèbre phrase de Camus est vraie : « Mal nommer les choses, c'est ajouter au malheur du monde », qui saura faire le compte des malheurs qu'on ajoute chaque jour au malheur du monde depuis l'invention d'Internet ?

Attention ! « Ça va stigmatiser la communauté musulmane », « Il ne faut pas faire d'amalgame » !

On n'a pas droit, en France, aux statistiques ethniques et religieuses – pourtant, on ne fait que ça, et de la pire façon.

Un Merah commet un crime antisémite abject et barbare et voilà que l'on remet sur le tapis les musulmans : quatre ou cinq millions de musulmans sont pris en otages par les médias, les penseurs, les journalistes, les politiques, les commentateurs : « Ne faisons pas d'amalgame… » « Il ne faut pas faire d'amalgame… » « Sans faire d'amalgame… » « Attention à ne pas faire d'amalgame entre musulmans et islamistes… » « Attention à ne pas faire d'amalgame entre musulmans et djihadistes… » ; et la dernière formule est carrément : « Attention à ne pas faire d'amalgame entre musulmans et terroristes… » Est-il vraiment nécessaire de souligner que par une forme de prétérition perverse on induit, on répand, on diffuse, l'idée contre laquelle on met tout le monde en garde ? L'idée contre laquelle on fait mine de lutter : « Attention à ne pas faire d'amalgame… » Rien de mieux pour inciter les gens à faire l'amalgame malgré eux !

Dès 1989, les défenseurs de trois gamines voilées avaient argumenté, répété, répandu : « Si on interdit le voile à l'école, la communauté musulmane se sentira stigmatisée. » Ah bon ? Et comme toujours, beaucoup d'autres, ceux qui se donnent rarement la peine de penser par eux-mêmes, ont ânonné la même chose. La formule s'est généralisée, normalisée, et « ça va stigmatiser la communauté musulmane » est devenu courant.

Comment imaginer une meilleure rhétorique pour introduire et développer l'idée même de faire l'amalgame entre les musulmans et les islamistes ? N'est-ce pas la formule des défenseurs du voile, « ça va stigmatiser la communauté musulmane », dès le début, qui avait pour but de faire l'amalgame entre trois gamines et leurs parents, donc au total sept personnes, avec l'ensemble des personnes d'origine musulmane, lesquelles, pour la plupart, étaient en 1989 religieusement indifférentes, mais que les défenseurs du voile pointaient déjà du doigt comme un bloc monolithique : « la communauté musulmane », indépendamment de leur nationalité ? Leur but était de se faire passer pour plus nombreux qu'ils n'étaient afin d'attirer de nouveaux adeptes.

Les idéologues de l'islam avaient déjà tout pensé, conceptualisé. Ils ont ainsi, dès le départ, imposé leur discours à tous et pris d'emblée l'ensemble de ladite « communauté musulmane » en otage pour étendre leur champ d'action. En 2003 aussi, durant les débats sur la loi, les islamistes martelaient : « Cette loi va stigmatiser la communauté musulmane. » Quand ils prononcent le terme « communauté musulmane », effectivement, ils désignent l'Oumma, bien au-delà de ladite « communauté musulmane » de France. Et comme nous avons pu le constater après le vote contre les signes religieux ostentatoires à l'école, les foules islamistes de l'Iran, du Pakistan sont descendues dans la rue pour prêter main-forte aux islamistes de France. Les musulmans de France, quant à eux, n'étaient pas nombreux à les soutenir.

Combien de femmes dites musulmanes portaient le voile en 1998 ? En 2003 ? Quel était le pourcentage de femme voilées dans ces années-là ? En vérité, il faut saluer la résistance de beaucoup de ces femmes dites musulmanes, il faudrait baiser les mains et les pieds de celles qui vivent dans les quartiers islamisés et ne portent toujours pas le voile, malgré les pressions dont elles font l'objet.

La communauté dite musulmane (4-5 millions de personnes en France) est aussi prise en otage par les associations, les imams, les mosquées, les religieux qui portent plainte en son nom, sans lui demander son avis. Et les lois en France autorisent cela. Alors qu'aux États-Unis, pays communautariste par excellence, le Premier Amendement de la Constitution sur la liberté d'expression empêche tous les dérapages judiciaires. La loi ne peut arbitrer entre ce qui est ou n'est pas blasphème. Aux États-Unis, la loi ne peut déterminer non plus s'il y a offense à l'ensemble d'une communauté.

Quand les caricaturistes s'en prennent par exemple à Obama, à Hollande ou Merkel... bien qu'ils représentent les peuples américain, français, allemand, Hollande, Obama et Merkel sont les seules victimes. Caricaturer Obama ne veut pas dire stigmatiser, offenser le peuple américain ou la communauté afro-américaine. S'il en était ainsi, toute critique serait interdite et on serait dans la dictature totale, comme en Iran ou en Arabie Saoudite. De même, lorsque Mahomet est caricaturé, il est la seule victime. La victime du blasphème est Dieu, Allah, Mahomet, Jésus, Moïse, et non pas quelque communauté que ce soit. Blasphémer, c'est offenser Dieu, et Dieu est suffisamment puissant pour punir le blasphémateur dans l'au-delà. Que « les croyants » se calment ! En France, les islamistes utilisent les droits de l'homme contre les droits de l'homme et détournent la justice au nom de la « communauté prétendue musulmane ».

La famille, pour le meilleur et pour le pire !

Il y a un gâchis de l'intelligence en France : et cela parce que, depuis des décennies, on a appliqué la politique de l'indifférence. Une politique postcoloniale, teintée d'une culpabilité malsaine et parfois perverse.

Une politique laxiste due au racisme refoulé de certains qui se disent de gauche.

Un racisme refoulé habillé de bons sentiments qui donne bonne conscience aux esprits faibles.

Les coupables sont tous ceux qui, chez l'autre, et au nom de l'autre, acceptent ce qu'ils n'auraient jamais toléré chez les leurs, car ils considèrent, sans l'avouer, que l'autre appartient à une culture inférieure.

À la sortie de *Bas les voiles !*, j'ai reçu beaucoup de lettres, y compris de personnalités politiques, de gauche comme de droite. La philosophe Sylviane Agacinski, épouse de Lionel Jospin, m'a écrit, avec sincérité, je dois le reconnaître, que mon pamphlet leur avait ouvert les yeux. Ils avaient pensé, en 1989, « que les filles voilées allaient évoluer dans leur culture ». Cette naïveté, cette erreur d'appréciation, cette méconnaissance ont donné une grande victoire aux islamistes. Mais, n'était-ce pas admettre, surtout, que les enfants nés dans les familles maghrébines n'étaient pas de culture française et n'avaient pas à être de culture française ?

Par parenthèse, je tiens à préciser que les islamistes de tout acabit, d'où qu'ils soient originaires, interprètent ce qui est conçu comme tolérance dans les pays démocratiques comme un aveu de faiblesse et un manque d'autorité, donc comme un feu vert à leur entreprise.

Je vais maintenant aborder un sujet extrêmement délicat et tabou en France, mais aussi en Angleterre, en Allemagne, aux Pays-Bas, au Danemark, et je vais tenter d'en parler avec tout l'humanisme qui s'impose.

Dans les pays musulmans, comme dans beaucoup de pays non démocratiques, on fait des enfants, encore aujourd'hui, comme on faisait des enfants en Europe au XIXe siècle et jusqu'au début du XXe siècle. Les enfants étaient une aide à la famille, une source de revenus, surtout l'enfant mâle. À peine sortis de l'enfance, ils travaillaient dans les champs, à l'usine, dans les mines, à l'atelier… et au besoin, lors des guerres, ils étaient utilisés par le pays, comme chair à canon. En outre, l'éducation des filles, qui travaillaient à la maison, se distinguait de celle des garçons, favorisés par rapport à leurs sœurs.

Depuis quelques décennies, moins d'un siècle, l'enfant est devenu un être sur lequel les parents et la société investissent. On investit dans son éducation scolaire, dans ses études supérieures, dans sa formation, en somme dans son devenir, pour en faire un individu. Et même un sujet, au sens psychanalytique du terme. L'individu est une invention purement occidentale qui n'a pas, encore aujourd'hui, son équivalent dans les pays musulmans.

Or, avec le regroupement familial, les immigrés, pour la plupart issus de milieux socioéconomiques défavorisés, ont fait des enfants ici en Europe comme les Européens en faisaient jadis et comme on en fait dans ces milieux-là dans leur pays d'origine. Et c'est là que le drame se noue. C'est là l'origine d'une fracture dans les sociétés européennes, islam mis à part. Beaucoup d'enfants issus de l'immigration n'ont pas eu la même éducation, la même attention, le même investissement, ni de la part de leurs propres parents, ni de la part de la société, que les enfants nés de parents européens.

Encourager, dès les années 70, des parents immigrés à faire au maximum deux ou trois enfants et exiger qu'ils les élèvent dans le respect des principes et des valeurs du pays d'accueil, quelle que fût leur religion, n'aurait été ni raciste, ni xénophobe, ni discriminatoire, ni injuste ; puisque beaucoup de pays européens comme la France appliquent le droit du sol. Cela n'aurait pas été une exigence démesurée, mais une attitude responsable et juste. Responsable et juste, avant tout, à l'égard des enfants nés dans ces familles dont les parents avaient au moins un siècle de retard par rapport aux Européens et notamment aux Français, qui avaient connu leur révolution, s'étaient libérés des aspects dogmatiques de leur religion, avaient même connu leur libération sexuelle en 68, et élevaient leurs enfants, y compris dans la toute petite bourgeoisie, en suivant, à la radio, les conseils de psychanalystes comme Françoise Dolto, et en lisant des livres sur les méthodes d'éducation.

D'un côté, il y avait une France, une Europe, qui accordaient pour la première fois dans l'histoire de l'humanité une importance cruciale à l'enfant, à l'adolescent – l'époque d'Oliver Twist et de Cosette était décidément révolue – et, à l'autre bout du spectre, dans des enclaves urbaines, dans des zones périphériques, cités et banlieues, une France, une Europe, qui parlaient mal la langue nationale et qui enfantaient comme au siècle passé, sans même transmettre aux enfants les valeurs du pays d'accueil.

Ces problèmes sont toujours d'actualité avec le flux migratoire. C'est la place du corps de la mère, de l'épouse, des filles, des sœurs qui structure les familles musulmanes et les distingue essentiellement des familles européennes.

L'abandon par la République de zones urbaines à forte population immigrée, politique démissionnaire, ne date pas seulement d'il y a vingt ans, comme certains le disent. En 1993, lorsque je suis arrivée en France, la situation était déjà grave. On parlait du taux de chômage élevé parmi les jeunes issus de l'immigration, de discrimination à l'embauche, de la violence dans les banlieues, de l'échec scolaire, de la ghettoïsation – ce fut un des premiers mots dont la prononciation défia l'immigrée que j'étais !

Dès 1976, le regroupement familial a été conçu dans un esprit non pas définitif, mais « provisoire », tout en accordant le droit du sol. De ce fait, les conséquences positives et négatives d'une telle immigration de masse n'ont pas été pensées ni évaluées à long terme.

Les responsables politiques ont cru, sans doute, que les enfants issus de l'immigration qui allaient naître dans des cités et HLM faits de laideur et de béton seraient reconnaissants à la

France parce qu'ils auraient grandi, à l'opposé de leurs parents, avec ascenseur, chauffage, eau chaude, allocations familiales et sécurité sociale ou parce qu'ils auraient bénéficié d'un système scolaire gratuit. Ils se sont trompés lourdement : les enfants nés en France comparaient leur situation avec celle d'autres Français de leur âge et non avec l'enfance ou la jeunesse de leurs parents dans un autre pays. Nul ne compare sa situation avec celle de ses parents au même âge, mais avec celle des gens de sa génération. Les politiques n'ont pas pris conscience du fait que ces enfants nés en France, marginalisés, ghettoïsés, allaient grandir dans le ressentiment, dans la frustration par rapport aux enfants de parents français, car ces derniers, même prolétaires, même paysans, avaient au moins pour repères le pays, la petite ville, le village, la campagne, la terre de leurs parents, de leurs grands-parents... Et, plus important que tout, la langue de leurs parents. Pour beaucoup d'enfants de parents étrangers, l'immigration n'a pas été un choix, mais un destin. Indépendamment des déterminismes socioéconomiques ou familiaux que chaque enfant subit dès la naissance, ils ont hérité d'une situation en elle-même source de conflits psychiques et cognitifs supplémentaires. Leur pays de naissance ne les reconnaissait pas comme faisant pleinement partie de la nation, et eux non plus ne se sentaient pas totalement chez eux ni totalement français. « Tiens-toi tranquille, nous ne sommes pas chez nous… », intimaient à leurs enfants certains parents immigrés qui vivaient leur séjour en France comme provisoire. À cette situation s'est ajoutée l'idéologie islamique qui est née en 1979, et la mondialisation qui s'est accélérée avec l'invention d'Internet. La France, de son côté, troquait sa culture traditionnelle contre une culture de consommation. On a sous-estimé dangereusement à la fois les effets néfastes et durables de l'idéologie islamique et les difficultés psychologiques de l'immigration, de l'arrachement, qui se transmettent souvent d'une génération à l'autre. Il n'est pas innocent que, pour définir un immigré, on ait souvent recours à un mot irrémédiable : déraciné.

Bien sûr, beaucoup de gens nés dans des familles modestes de culture musulmane se sentent avant tout français, anglais, allemands, belges, suédois, européens, et sont parfaitement intégrés, voire assimilés.

Le problème n'est donc pas économique, mais culturel, structurel, religieux et surtout idéologique, et il relève de l'éducation.

Mais il existe aussi, hélas, des enfants nés en Europe qui rejettent les valeurs et le mode de vie de leur pays de naissance. L'irresponsabilité avec laquelle on a traité la question du regroupement familial, sans anticiper le défi qu'il allait jeter à l'école, est pour beaucoup dans l'échec d'aujourd'hui. En politique comme au jeu d'échecs, il faut envisager les problèmes à venir et savoir anticiper.

Les vrais responsables de cette situation, qui est source de souffrance, de violence, de rupture, sont les dirigeants politiques de gauche comme de droite depuis presque quarante ans.

C'est pourquoi une partie de cette jeunesse est devenue une proie rêvée pour les idéologues de l'islam politique qui ne cessent de raviver l'époque coloniale. C'est pourquoi certains de ces jeunes s'identifient plus facilement aux jeunes Palestiniens ou aux jeunes Syriens, sans même comprendre les enjeux des conflits et des guerres, qu'à leurs compatriotes français, anglais, belges qui « se bécotent sur les bancs publics ». C'est le principe même du retournement du stigmate. Revendiquer le stigmate, c'est en faire son identité. Du « ils vont évoluer dans leur culture » des bien-pensants, et des mises en garde de certains parents qui ont élevé leurs enfants dans l'esprit du communautarisme : « Tiens-toi tranquille, on n'est pas chez nous ici », on passe parfois, pour peu que s'y ajoute un petit zeste de discours islamique, au : « Je suis d'une autre culture ? Je ne suis pas chez moi ? Je suis musulman ? Eh bien, je vais l'être et je vais vous le montrer… »

Cependant le discours victimaire n'est pas de mise. La situation matérielle de ces jeunes en difficulté n'est pas plus dramatique que celle des jeunes ruraux ou de petites villes économiquement plus ou moins sinistrées en Europe. Ces jeunes ont eu la chance de naître dans des pays démocratiques et rien ne les empêche de voyager, de sortir de leur ghetto, de faire le tour de la France ou de l'Europe à vélo ou même à pied, d'aller à la rencontre du monde, des gens... Quand on a dix-huit ans, on peut dormir dans un sac de couchage. Et puis la souffrance, lorsqu'elle est travaillée, forgée, peut devenir une grande force. D'ailleurs, beaucoup, parmi ces jeunes, les plus intelligents, les plus adaptés, les plus responsables, réussissent. Et heureusement. Le malaise, donc, bien qu'il ait sa dimension économique, a des racines complexes.

Malgré le taux de chômage élevé, malgré la ghettoïsation, les discriminations, et malgré l'échec scolaire, il faudrait aider ces jeunes à comprendre qu'ils peuvent changer leur vie, qu'ils sont capables de beaucoup plus qu'ils ne l'imaginent, qu'ils ont en eux un potentiel inouï. On devrait faire appel à l'intelligence des jeunes en difficulté, croire en eux, leur donner confiance, les intégrer aux projets de transformation de leur cité, de leur banlieue et de leur quartier. Les jeunes en difficulté pourraient, par exemple, participer pleinement à la transformation de leur lieu de vie, travailler et se former auprès des grands urbanistes, architectes, ingénieurs, écologistes…

Si la démocratie ne s'exporte pas, elle ne va pas de soi non plus, et pour personne, surtout lorsqu'on en a été privé dans son pays d'origine. Peut-être devrait-on encourager le contrôle des naissances pour les nouveaux immigrés et réfugiés qui arrivent en Europe. Un contrôle conçu non comme une pénalisation, mais, au contraire, comme une éducation, un accompagnement à la responsabilité parentale. Les femmes occidentales ont intégré le contrôle des naissances. La généralisation de différentes modalités de contraception leur a donné la maîtrise de leur reproduction. Donner naissance dans les pays démocratiques, c'est créer un futur écolier, un futur lycéen, étudiant, un futur demandeur d'emploi, bref, un futur citoyen, un individu, un sujet ; or, rares sont ceux qui deviennent citoyens, individus et sujets dans les pays musulmans qui ont en commun de priver l'être humain de la liberté, de la possibilité de devenir un véritable adulte, un véritable individu. Il s'agit de donner aux parents immigrés la possibilité de connaître leurs droits et leurs devoirs dans les sociétés d'accueil pour assurer à leurs enfants le meilleur avenir possible. Cette mesure permettrait de contrôler la démographie de demain, à l'heure où les immigrés, fuyant la guerre et le chaos au Moyen-Orient ou en Afrique, se réfugient en Europe.

Le prix de la liberté

Je me permettrai ici quelques propos personnels pour que les lecteurs sachent d'où je parle et d'après quelle expérience.

Iran 1977/1978/1979 : j'ai à peine dix, onze, douze ans. Ce sont des années tumultueuses. Étudiants, professeurs, intellectuels lisent les journaux. Moi aussi ! Je n'ai que dix ans, et j'épluche déjà tous les articles qui traitent de politique nationale et internationale ! Tous les jours. On pourrait me croire facilement mythomane, si je n'avais pas des preuves. Je lis tous les jours les deux journaux nationaux du pays, *Keyhan* et *Ettelâat*, équivalents du *Monde* et du *Figaro*. Mon père, qui avait l'âge d'être mon arrière-grand-père, n'a jamais eu son permis de conduire. Comme les hommes de son rang et de son époque, il a toujours eu un chauffeur. Enfin, avant d'être totalement ruiné. Lorsque mon plus grand demi-frère, à dix-huit ans, lui avait dit qu'il aimerait passer son permis, mon père, scandalisé, de lui répondre : tu veux devenir chauffeur ! C'est dire que c'était un homme de son époque ; il avait connu la Première et la Seconde Guerres mondiales, et il était père, comme on l'était au XIXe siècle en Europe.

Homme lettré, il possédait une culture politique nationale et internationale colossale. Il lisait tous les jours la presse, bien avant ma naissance ; mais à la suite d'un accident très grave qui avait coûté la vie à son chauffeur, mon père dut subir plusieurs opérations. Il n'était plus l'homme qu'il avait été. Ses yeux avaient été atteints et après dix minutes de lecture, il me convoquait dans sa chambre ; j'y allais aussitôt. Pas le choix. Il m'ordonnait de prendre le relais. J'obéissais. Bonne élève, je lisais très bien pour mon âge.

Je haïssais ces heures quotidiennes de lecture obligatoire. Et je ne comprenais rien à ce que je lisais, même si parfois j'étais impressionnée par ma propre voix. Mais à force de haïr, j'ai fini par aimer être la liseuse de mon père et, à force de ne rien comprendre, j'ai fini par comprendre. Ces heures de lecture quotidienne et obligatoire des journaux donnaient des coups de fouet à l'intelligence galopante de la gamine que j'étais. D'autant que mon père, très souvent, m'interrompait de sa voix autoritaire pour commenter ce que je lisais, pour invectiver untel, critiquer tel autre, traiter de lâche un troisième, de collabo un quatrième et ainsi de suite... Être la liseuse d'un père impressionnant, de qui j'avais, par ailleurs, très peur, me mesurer à lui, m'a conféré une certaine intelligence intuitive et analytique de la situation politique. Après des heures de lecture, il arrivait qu'il écoutât la BBC qui diffusait des émissions politiques en persan, en faveur d'un certain Khomeiny. Là encore, il commentait et, étant sa seule auditrice, je n'osais quitter sa chambre sans son autorisation.

C'est ainsi que j'ai été contaminée, précocement et à mon corps défendant, par la politique. Je me rappelle, et je revis même parfois, l'émotion qui s'emparait de moi, qui faisait trembler ma voix et mon corps. Je me souviens, comme si c'était hier, je n'avais pas encore mes douze ans, du moment où Khomeiny a débarqué à Téhéran; j'ai senti, j'ai su, devant l'écran de la télévision, que le pays allait basculer dans l'obscurantisme, dans l'islamisme.

Jeune adolescente, même si je ne mesurais pas encore tous les dangers et les malheurs qui nous guettaient, je me suis engagée contre Khomeiny et son régime islamique. J'ai été chanceuse, je m'en suis tirée avec coups et blessures, mais j'ai perdu mes deux amies, exécutées après avoir été sauvagement torturées. À l'époque, Khomeiny martelait : « Il faut exterminer les ennemis de l'islam jusqu'au dernier. » Pas de quartier, même pour les adolescentes. Nul ne pensait que les mollahs incultes allaient s'emparer d'un pays aussi important que l'Iran. Ni les intellectuels et politiques iraniens, ni les intellectuels et politiques occidentaux, pas même l'administration de Carter et ses agents de la CIA qui avaient choisi Khomeiny comme opposant attitré du Chah et qui l'avaient soutenu.

Fin 1991, j'ai quitté l'Iran, non pas à cause de problèmes économiques, mais à cause de l'islam. Appelons un chat un chat et l'islam l'islam. J'ai quitté l'Iran à cause de l'islam politique, à cause de l'islam social. À cause de l'islam à l'école, au lycée, à l'université. À cause de l'islam sur le lieu de travail. À cause de l'islam dans la rue. J'ai quitté l'Iran à cause de l'islam qui était partout. À cause de l'islam qui pouvait surgir à l'improviste chez vous pour vous arrêter à cause d'une bouteille de whisky, d'un livre interdit, ou parce que vous écoutiez une musique jugée décadente, parce que vous dansiez dans une fête familiale ou amicale. J'ai quitté l'Iran à cause de l'islam qui vous arrête parce que vous êtes assise dans une voiture avec un ami ou avec votre amoureux, sans même l'embrasser ni le toucher. J'ai quitté l'Iran à cause de l'islam qui condamne le corps, qui voile les femmes, les fillettes. J'ai quitté l'Iran à cause de l'islam qui bâillonne, qui emprisonne, torture et exécute, même les mineurs. J'ai quitté l'Iran à cause du totalitarisme islamique.

C'est en France pourtant, après une transition de deux ans en Turquie, enfin libre, avec une carte de séjour de dix ans dans ma poche, que j'ai fait la pire dépression de toute mon existence. Après seulement un an de liberté, je me suis tranché veines, tendons et nerfs avec un cutter dans une chambre d'hôtel. Je n'avais aucune prédisposition à devenir kamikaze ou terroriste. L'immigration en France était mille fois plus difficile que ce que je pouvais imaginer. La terre rêvée, la terre promise n'existait pas ; et la liberté ne promettait rien de glorieux, elle était une grande source d'angoisse. Déclassée socialement et économiquement, j'avais mille problèmes, un passé douloureux– comme c'est souvent le cas des immigrés – et la liberté sur les bras, qui me renvoyait à ma responsabilité d'adulte démocrate, alors que je ne l'étais pas. Je n'avais plus l'excuse d'un système islamique qui m'oppressait, qui m'interdisait ceci et cela… Le droit à une vie libre m'était accordé. J'avais ôté le voile, mais ma vision du monde et de la vie, ma compréhension de moi-même et des autres restaient profondément enracinées dans mon éducation iranienne, dans les années de frustrations et d'interdits sous le régime des mollahs.

Cependant, si je ne savais pas un mot de français et n'avais pas un sou en poche, je n'étais pas du même milieu que la plupart des immigrés entassés dans les banlieues et les cités ; j'avais été deux fois étudiante, en Iran et en Turquie ; dès l'adolescence, mal dans ma peau et bien dans les livres, je rêvais, en lisant les traductions de Balzac, Alexandre Dumas, Victor Hugo ou Romain Rolland, de fouler un jour la terre de France. Et c'est justement en France, à quelques kilomètres de Paris, que j'ai touché le fond. Après une grave tentative de suicide, une opération chirurgicale, un séjour en hôpital psychiatrique et de longues années de psychanalyse et d'études, j'ai compris que ce qui m'avait fait craquer c'était, entre autres, le fardeau de la liberté. Cette liberté terrifiante, angoissante, qui m'était tombée dessus d'un coup et qui avait tout remis en cause. La liberté sans langue, sans liens, sans repères et la solitude de l'immigrée que j'étais m'avaient enfermée dans un ghetto mental ; et pourtant j'étais jeune, je ne manquais pas d'intelligence, je pouvais faire ce que je voulais ; l'horizon s'était ouvert : j'avais la vie devant moi ; mais je ne savais que faire de cette liberté, par quel bout la prendre, par où commencer une vie libre, comment la gérer. La liberté avait tué mon désir, ma farouche volonté de vivre, de résister. Alors que j'avais la liberté totale de boire, de sortir, de danser, de faire des rencontres, de baiser… je restais cloîtrée. En Iran, j'avais dû prendre des risques énormes, comme bon nombre de jeunes, pour goûter aux plaisirs interdits, mais en France j'étais comparable à ces prisonniers qui, libérés après des années de détention, succombent à une grave dépression et inconsciemment font tout pour retourner à la case départ, dans le monde qui leur est familier : la prison.

Il est vrai que, en 1993, je ne connaissais rien de la réalité de la France, ni la langue, ni les codes ; je n'avais aucun repère… mais à Istanbul non plus, et pourtant, je m'en étais bien sortie, alors que là-bas c'était beaucoup plus difficile qu'en France pour une fille. Parlant déjà azéri, j'avais appris le turc en un mois, trouvé par miracle du travail, 60 heures par semaine, passé le concours d'entrée à l'université.

La Turquie, pays musulman, m'était familière : la liberté d'une fille y était socialement surveillée, limitée. Les codes, les rapports sociaux, le mode de vie ressemblaient beaucoup à ceux de l'Iran. Je ne me sentais pas vraiment dans un pays étranger.

C'est dire que la liberté, la laïcité, la démocratie, le mode de vie occidental ne vont pas de soi pour des gens qui ont grandi dans des pays où une éducation dogmatique, même à l'intérieur des familles dites modernes et non traditionnelles, sape votre liberté, efface et condamne votre singularité en vous infligeant le modèle uniforme : « Regarde ton cousin/ta cousine comment il/elle est, comment il/elle obéit, comment il/elle est sage. » Dès l'enfance, au moindre écart de conduite, vous êtes rappelé à l'ordre et soumis à comparaison.

Dans un pays musulman, même dans une famille moderne, la surveillance sourcilleuse de la famille étendue – tantes, oncles… –, des voisins et des gens du quartier vous dicte votre conduite, vous impose des règles qui façonnent votre être et vous ôtent toute responsabilité personnelle. C'est toujours *mektub*. *Sarnéveste* ou *Ghésmat* en persan. Votre destin est tracé, décidé, vos choix sont très limités. En France, j'étais absolument libre et j'avais à moi seule la responsabilité de ma vie, de mon avenir.

La liberté n'est pas un gage de bonheur. Et lorsqu'elle vous tombe dessus, lorsque vous l'obtenez à l'âge adulte, et dans un nouveau monde, elle vous donne d'un coup énormément de responsabilités que vous n'êtes pas capable d'assumer et qui vous effraient. Elle vous désillusionne, la liberté. Elle vous apprend aussi vos limites personnelles, et surtout elle vous impose de regarder votre vie en face pour essayer de lui donner un sens. Tâche déjà très difficile pour beaucoup de ceux qui sont nés en démocratie.

Alors que, *dans les pays musulmans, le sens de la vie est l'affaire de la société*, des lois, des traditions et des dogmes islamiques qui vous dictent ce que vous devez faire ou ne pas faire. *Le sens de la vie vous est inculqué, comme vous sont inculqués le Bien et le Mal.*

Sous un système dictatorial, on croit que la liberté vous donne tout, qu'elle comble le manque inhérent à l'humain. Or, la liberté vous fait comprendre que la vie est courte, alors qu'en prison, comme dans les pays musulmans, elle est éternellement longue, même les journées le sont. Ils ont du temps à revendre à l'humanité, les musulmans. Les hommes, agglutinés à tous les coins de rue, et les femmes, confinées à l'intérieur, attendent que le temps passe. L'ennui est votre compagnon et l'interdit votre boussole. On n'apprend pas, on ne travaille pas, on n'invente pas, on ne produit pas, on ne lit pas, on n'écrit pas, on ne fait pas de recherche, on ne crée pas, on ne fait rien ou si peu dans les pays musulmans. On survit, on rêvasse et on attend la mort. On prend son mal en patience, on s'use dans les frustrations. On a peur de la liberté. Du risque. De la rencontre, de l'autre. Et surtout de la complexité de l'être humain. De ses contradictions. On vit dans l'interdit, et la moindre transgression vous procure une joie enfantine.

Or la liberté ne promet pas la joie, ni le bonheur, et de moins en moins le confort matériel. Il faut éduquer la liberté, l'apprivoiser, la gérer. Il faut cultiver sa liberté comme on cultive son jardin. Ni la liberté ni la démocratie ne vont de soi pour les immigrés et les réfugiés qui débarquent. Lorsqu'on rêve confusément de la liberté, dans son pays musulman, en guerre ou pas – j'ai connu aussi huit ans de guerre –, lorsqu'on désire la liberté, lorsqu'on fantasme la liberté, on n'en imagine que les aspects positifs et jamais les difficultés et les responsabilités qui s'y attachent.

Tout en vivant dans les pays européens, certains musulmans, sans pour autant être islamistes, renoncent à la liberté car elle exige du courage. Il faut mettre en cause sa famille, son éducation, ses ancêtres, sa religion, ses dogmes, les sentiers battus de sa culture. Assumer sa liberté signifie aussi accepter sa solitude. Or être seul est anormal, quasi impossible, dans un milieu musulman. Être libre signifie aussi prendre le risque de rejeter les siens ou d'être rejeté par eux. Être libre signifie sortir de son soi étriqué, aller à la rencontre de l'autre, ne pas avoir peur du changement, de la perte, du manque, ne pas avoir peur de devenir un autre. La liberté, c'est se donner la possibilité de s'épanouir, d'explorer ses dons et ses talents, ses capacités. La liberté signifie se perdre, affronter ses tourments, ses contradictions, reconnaître ses erreurs, assumer ses échecs, pour mieux se reconstruire. La liberté aide « à larguer les amarres », comme le chantait si bien Georges Moustaki. Mais elle se mérite et elle est affaire de courage.

La course à la modération ou la guerre des signes

Plus la violence se déchaîne, plus la « modération » s'infiltre de toutes parts dans l'édifice de l'idéologie islamique ! Les modérés, rappelons-nous, c'étaient d'abord les musulmans sans revendications particulières, qui vivaient leur vie comme les autres citoyens français/européens. Les modérés étaient les musulmans non islamistes. La première fois que l'on a accolé l'adjectif « modéré » au substantif, ou plutôt à l'adjectif substantivé, « islamiste », l'idéologie islamique a marqué un point, un point essentiel, un point capital. « Islamiste modéré » a été inventé sur mesure, par les idéologues iraniens, pour Khatami, élu président en 1997.

Les islamistes comme tels devenaient donc un groupe constitué, avec toute la gamme de nuances qui n'allaient pas tarder à envahir le marché, pour user d'un langage commercial : islamistes modérés, islamistes conservateurs, islamistes fondamentalistes, islamistes radicaux, islamistes salafistes, islamistes wahhabites, islamistes djihadistes pacifiques, islamistes djihadistes violents, et enfin, islamistes terroristes.

Cette inflation langagière, ce glissement de la modération à l'extrémisme, correspond aujourd'hui à une progression de la réalité sociale et politique en Europe. Dans le domaine du pire on n'arrête pas le progrès : le « fondamentalisme », terme qui s'applique à la volonté de retour aux sources dans diverses traditions, peut être lui-même plus ou moins « radical » – et nous voyons ainsi se profiler une nouvelle distinction, entre fondamentalistes doctrinaires, non violents, et fondamentalistes radicaux, violents, qui déplace encore le curseur sur l'échelle de la modération. Il s'agit, en somme, de nous faire admettre que les dirigeants comme Rohani sont des islamistes modérés, ainsi que tous les mouvements islamistes non terroristes en Europe.

Influence, comment peut s'exercer une influence ? La psychologie sociale a le mérite de nous apprendre comment les influences sociales s'exercent : par la répétition, par la multiplication des signes et par l'incarnation de l'idéologie qu'on veut répandre et normaliser. Or, à l'époque des technologies de la communication, nous produisons essentiellement des signes. D'où l'alliance entre les idéologies les plus retardataires et les technologies de pointe. Nombreux sont les sites Internet qui présentent et défendent les positions islamistes.

Il est essentiel, dans ce but, que les signes visibles de la présence de l'islam « modéré » se multiplient (d'où la question cruciale du voile et du halal). Cette présence affichée de l'islam « modéré » a en outre pour avantage de mettre en évidence le caractère « excessif » et « islamophobe » de ceux qui s'en prennent aux dogmes religieux. La normalisation de l'islamisme « modéré » a la grande vertu de faire valoir que les islamistes modérés se limitent au prosélytisme pacifique, tout au plus aux intimidations langagières, alors que les islamistes radicaux, eux, ont recours aux moyens plus violents, voire terroristes. Dans la guerre des signes, plusieurs batailles ont été perdues. Ceux qui ne sont pas familiers de la sémiologie des islamistes, ceux qui ne savent pas lire le sens d'une provocation, se fient aux analyses des idéologues musulmans et sont prêts à gober tous les signes de modération produits par le prosélytisme islamique national et international.

Rappelez-vous : il y a seulement vingt ans, parlait-on d'« islamiste modéré » – cette modération du superlatif, ce défi à la logique de la langue française ?

Aurait-on imaginé en 1956, à l'époque où Bourguiba libérait du voile les femmes tunisiennes, que soixante ans plus tard, en France, pays de la laïcité, la présence du voile à l'université serait acceptée et interprétée comme un signe de l'islam « modéré » ?

Vous avez remarqué que, dans ce large panel d'islamistes de tout poil, on ne voit pas apparaître jusqu'à ce jour d'islamistes chiites, ni en France, ni en Europe, ni au Canada ou aux États-Unis, où pourtant vivent quelques millions d'Iraniens et où les lobbies du régime des mollahs sont très puissants. À l'étranger, les islamistes et idéologues iraniens sont professeurs d'université, chercheurs, directeurs d'études… En France, en Europe, comme aux USA ou au Canada, ils restent dans des institutions respectables. Ils ont pensé, conceptualisé, répandu l'idéologie islamique dans le monde, mais ils laissent la place d'islamiste de base aux Arabes. *In az bikh Aarabè* : « celui-là est un vrai Arabe » est une des insultes les plus méprisantes chez les Iraniens et signifie que la personne désignée n'a pas grand-chose dans le cerveau. Bien que musulmans, les Iraniens ont horreur d'être pris pour des Arabes. Confondre l'immense civilisation perse avec des tribus arabes est la pire des injures. « Il ne faut pas comparer ce qui n'est pas comparable ! », répète la diaspora iranienne.

Effectivement, l'on ne peut comparer quelques millénaires d'expérience dans l'art de la manipulation, de l'hypocrisie et de la dissimulation avec l'amateurisme des habitants de l'Arabie Saoudite, pays qui n'existe que depuis 1932 ! Les Iraniens maîtrisent l'art rhétorique de l'idéologie triomphante. Ainsi dans sa conférence de presse conjointe avec François Hollande, le 28 janvier 2016, Rohani déploie l'habileté satanique propre aux ayatollahs ; il remercie d'abord la France et le peuple français qui ont accueilli Khomeiny en 1979. Il sait parfaitement que les Français regrettent cette erreur politique et n'en sont pas fiers, à commencer par le président Valéry Giscard d'Estaing lui-même. L'ayatollah modéré, tout en ricanant, dit en réponse à un journaliste à propos de sa qualité de modéré et réformateur : « Mon rôle est de faire respecter la Constitution et les lois dans mon pays, comme cela est le rôle de tout président », et l'ambassadeur iranien complète sur France Inter, au micro de Léa Salamé : « Comme dans toute démocratie. » Sans blague ! Rohani, qui sait qu'il n'est pas un président comme un autre – il est révocable sur simple décision du Guide –, avoue qu'il n'a aucune velléité de réformer quoi que ce soit, qu'il protégera la Constitution établie par Khomeiny et Khamenei dès l'instauration du régime islamique en 1979. L'adjectif « réformateur » a été inventé dans la même logique que « modéré ». Il faut vouloir intentionnellement rester sourd pour ne pas entendre le message que Rohani fait passer aux musulmans du monde : notre politique sera celle de Khomeiny. L'homme qui rendit la fatwa internationale. L'homme qui changea la face du monde. L'homme qui défia l'Occident. L'homme qui ordonna l'assaut contre l'ambassade des États-Unis. L'homme qui créa l'idéologie islamique… Un dirigeant saoudien aurait avoué : « Nos lois sont conformes à la charia, notre tradition islamique est le wahhabisme. » Il n'aurait jamais eu le culot de donner des leçons de liberté d'expression et de démocratie, comme Rohani. En Italie, outre le fait d'avoir exigé : « cachez ces statues romaines dénudées que je ne saurais voir », l'ayatollah aux bonnes paroles nous a, lui, bien expliqué ce qu'était et devait être la liberté d'expression. Le président d'un régime qui détient le record mondial des exécutions, des pendaisons publiques, des tortures, des emprisonnements de journalistes, d'étudiants, de professeurs, d'écrivains, d'avocats, de cinéastes, de poètes… nous donne des leçons de liberté d'expression et de démocratie !

En 1999, Khatami, le président « modéré » élu en 1997, est venu en France, lui aussi, pour acheter des Airbus, faire du business et renouer le dialogue entre les cultures. À l'époque, la diaspora iranienne célébrait le changement ; le Parlement était rempli de modérés – on connaît la suite. Décidément, l'histoire bégaie... Faire alterner les « modérés » et les « ultra-conservateurs » est la méthode des mollahs pour mieux tromper le monde, comme faire alterner répression sanglante et tolérance surveillée à l'intérieur du pays est leur méthode pour mieux tenir le peuple en laisse.

Nous savons, par ailleurs, qu'aucun accord commercial important ne se fera avec l'Iran sans le blanc-seing des États-Unis – les sanctions contre la banque française BNP Parisbas ont d'ailleurs été conséquentes. Un accord nucléaire formel a été obtenu, ce qui a donné beaucoup de satisfactions personnelles à Obama. C'était une réussite en termes de communication, mais il faut connaître un peu le régime des mollahs pour comprendre que, malgré l'accord, les négociations ne sont pas finies ! Elles ne font que commencer – et elles vont continuer jusqu'à la rupture de l'accord. « Le régime ne permettra jamais l'accès des étrangers à des secrets scientifiques et militaires de l'Iran », a réitéré le Guide. Les choses vont se gâter au moment des inspections, d'autant que, en novembre, un nouveau président sera à la Maison Blanche. En outre, les Américains n'ont pas digéré les images mondialement diffusées de leurs Marines agenouillés, humiliés par les Pasdaran. Ils n'apprécient guère les tests de missiles balistiques de Téhéran. Rappelons aussi que l'économie iranienne est à 80 % dans la main des Pasdaran – les fidèles du Guide –, et ils sont encore sur la liste des groupes terroristes.

Les intellectuels et artistes iraniens proches du régime ne cessent de nous dire qu'on ne peut comparer l'Iran avec l'Arabie Saoudite. Pourtant, la charia fait office de loi dans les deux pays, à ceci près que l'Iran a connu une parenthèse laïque de cinquante ans (1925-1979) ; d'où la résistance d'une partie de la population aux dogmes islamiques – le jeu du chat et de la souris entre les agents de la répression et la jeunesse des grandes villes –, une résistance qui est mise au crédit du régime par ses défenseurs comme un signe de modération, alors même qu'il la réprime à intervalles réguliers dans le sang.

Enfin, toujours au micro de France Inter, l'ambassadeur d'Iran, pour aiguiser la concurrence entre les pays européens, a fait remarquer, non sans ruse, que les Allemands se montraient moins politiques et idéologiques dans le business que les Français. Et pourtant, malgré la bonne entente commerciale entre les deux pays, Rohani, dans sa tournée européenne, a soigneusement évité l'Allemagne ! Vous l'avez deviné, Angela Merkel, bien que chancelière, n'est qu'une femme pour les ayatollahs et elle devrait se voiler. Angela Merkel n'aurait jamais accepté de porter le voile devant Rohani, qui, d'ailleurs, n'aurait jamais accepté de serrer la main d'une femme !

Mais chut ! On signe des contrats.

Hier/aujourd'hui/demain

Un certain nombre d'intellectuels français, européens, comparent notre époque avec les années 30 et le racisme contre les musulmans d'aujourd'hui en Europe avec l'antisémitisme d'hier. Cette comparaison n'a aucun fondement. Il suffit pour s'en convaincre de dresser un état des lieux :

1) Dans les années 30 il n'y avait aucun pays juif au monde. Aujourd'hui même, il n'en existe qu'un, de la taille d'un mouchoir de poche. Or il existe au moins une quarantaine de pays musulmans. Certains d'entre eux sont très riches grâce à la manne pétrolière. Quelques-uns financent les islamistes et le terrorisme dans le monde.

2) Il n'existait aucune idéologie juive conquérante dans les années 30. Or il existe depuis plus de trente ans une idéologie islamique conquérante.

3) Il n'y avait pas non plus de mouvements djihadistes juifs à l'époque. Or il y a des mouvements djihadistes islamiques aujourd'hui.

4) Le nombre de juifs s'élevait à quelques dizaines de millions hier comme aujourd'hui. Or il y a plus d'un milliard de musulmans dans le monde.

5) Les juifs de l'époque n'étaient pas prosélytes, même les plus intégristes d'entre eux. Or les islamistes sont prosélytes.

6) Il y a eu depuis presque quarante ans des guerres par procuration dans de nombreux pays musulmans, Afghanistan, Irak, Syrie, Mali…

7) L'immigration musulmane en Europe est très récente par rapport à l'immigration juive en Europe.

8) L'antisémitisme des nazis, comme d'ailleurs l'antisémitisme de toujours, reproche aux juifs leur réussite, leur richesse… Or le racisme antimusulman en Europe vise la pauvreté, l'indigence, l'inculture supposées des musulmans, surtout depuis l'immigration massive de ces dernières quarante années

9) Enfin, l'échiquier international n'a rien à voir avec celui des années 30. L'Allemagne d'aujourd'hui n'a rien à voir avec l'Allemagne de Hitler. Aucun esprit sain ne peut dire que les pays européens se feront la guerre comme en 1940.

On pourrait allonger ce constat des différences entre la situation dans les années 1930 et aujourd'hui. Mais certains intellectuels occidentaux, de gauche surtout, préfèrent se voiler les yeux pour ne pas mesurer la complexité de la réalité.

Quelques autres spécialistes ont fait la comparaison entre le terrorisme islamique et d'autres groupes terroristes comme les Brigades Rouges ou Action directe. La comparaison ne tient absolument pas non plus pour deux raisons fondamentales.

1) Les Brigades rouges en Italie ou même Action directe en France avaient des cibles précises, s'en prenaient à des personnes représentatives de ce qu'ils dénonçaient : ministres, directeurs de banque… ou carrément le chef du gouvernement italien Aldo Moro. Si les terroristes de Daech tentaient d'assassiner un Obama, un Hollande, un Sarkozy ou un Cameron, ça aurait du sens, mais les terroristes assassinent des individus au hasard, des individus qui n'ont joué aucun rôle dans ce qui se passe en Syrie, en Libye ou en Irak… D'ailleurs, même Al-Qaïda, après la mort de Ben Laden, n'a pas lancé de fatwa contre Obama.

2) Les mouvements comme les Brigades rouges ou Action directe étaient essentiellement composés d'Italiens ou de Français « de souche » même s'ils tissaient éventuellement des alliances avec d'autres groupes de la mouvance anarchiste… À la différence des mouvements islamistes, ils ne pouvaient en aucun cas, même au prix du plus

grand amalgame, passer pour représenter, sur une base religieuse ou ethnique, une partie de la population nationale à l'intérieur de laquelle ils agissaient. Nul n'a d'ailleurs évoqué à propos des attentats commis par Action directe le risque de « guerre civile » et d'atteinte aux fondements de la nation qui a amené François Hollande, dès les attentats du 13 novembre 2015, à proposer la « déchéance de la nationalité » pour les terroristes du djihad. Il n'y a donc aucun sens à esquisser un parallèle entre ces deux types de terrorisme.

Esquisser un tel parallèle, c'est justement minimiser ou ignorer délibérément le préalable d'imprégnation idéologique qui rend le djihadisme périlleux en France et en Europe, et détourner le regard des responsables de cette imprégnation.

Quelques autres se bagarrent pour monter sur la première marche du podium de la spécialité « islamisme », comme s'il y avait une médaille à gagner. « Islamisation de la radicalité » ou « radicalisation de l'islam » : tel est le fond de la querelle à propos de laquelle ils font assaut de virtuosité rhétorique. Ils préconisent d'étudier le profil de chaque terroriste, son histoire familiale – absence du père, mère accablée, passé délinquant, nihilisme ambiant, société consumériste… – pour comprendre le phénomène djihadiste.

Encore une fois, certains spécialistes français sont tombés dans le piège des idéologues de l'islam, de ceux qui essayent de faire de l'enfumage pour nous égarer. Rappelons-nous : en 2003 aussi, on nous proposait d'étudier l'histoire familiale et les raisons psychologiques qui amenaient les jeunes adolescentes à porter le voile, et de traiter le problème au cas par cas ; depuis, le voile et l'idéologie islamique ont gangréné l'Europe.

On nous dit que certains islamistes ou même terroristes sont homosexuels. Comme si l'on ne savait pas que les homosexuels, refoulés ou pratiquants, sont nombreux dans les milieux musulmans. L'apartheid sexuel imposé dès l'enfance aux deux sexes par l'éducation familiale, par les convenances sociales, par la culture traditionnelle, et enfin par les lois islamiques, exacerbe non seulement les frustrations sexuelles, mais aussi les penchants homosexuels. On satisfait sa libido comme on peut quand on est adolescent. Lorsqu'on est supposé homosexuel dans un pays musulman, la famille, la société, la loi coranique, donc divine, vous inculquent la haine de soi. Vous êtes encore plus impur que le mécréant.

Les intellectuels se sont trompés souvent, hier comme aujourd'hui.

Penser le monde qui nous entoure est très difficile et avancer de faux parallèles de la part de gens qui ont une certaine notoriété institutionnelle et médiatique ne fait qu'ajouter du malheur au malheur et de la confusion dans les idées.

Combattre l'idéologie islamique demande tout d'abord de la clarté d'esprit, de la ténacité intellectuelle et des connaissances appropriées : il s'agit d'identifier le discours qui la propage, d'en démonter les arguments fallacieux, et d'en faire apparaître les intentions et les finalités tacites.

Il faudrait préalablement savoir que « l'islam de France » ne renvoie à aucune réalité. L'islam de France n'est pas un cognac ou un camembert. Il est aussi vide de sens que l'islam de Belgique, l'islam d'Angleterre ou d'Allemagne. Il existe des Français de confession musulmane, mais l'islam en France, comme partout ailleurs en Occident, est gangréné par l'idéologie islamique qui est indifféremment française, tunisienne, algérienne, iranienne, saoudienne, belge… Elle n'est ni nationale, ni binationale, mais multinationale et transnationale. Au-delà de l'Afrique, du Maghreb et de la France, elle vise l'Europe, le Canada, l'Australie et se veut planétaire.

Depuis bientôt vingt ans, on entend évoquer la nécessité de « réinterpréter le Coran », de « penser l'islam », de « repenser le Coran »… pour en faire une lecture éclairée et séculière. Il faut dire qu'au dernier monothéisme, né au

VIIe siècle après Jésus-Christ, il manque au moins six siècles d'expériences historiques, de luttes politiques et de guerres pour arriver à la hauteur de ses devanciers. L'islam d'aujourd'hui est ce que le christianisme était au Moyen Âge mais il dispose de tous les moyens techniques et médiatiques que la mondialisation lui a procurés pour se propager.

La modernisation du catholicisme, en effet, n'a pas été un long fleuve tranquille, mais plutôt une vaste rivière coupée de rapides et souvent teintée de sang.

Par ces temps où l'islam traverse des guerres fratricides, sunnites/chiites (chacun étant l'hérétique de l'autre…), des guerres de pouvoir, comme ce fut le cas dès la mort de Mahomet, il faut savoir protéger la jeunesse la plus exposée, il faut savoir protéger notre pays et servir d'exemple aux autres pays européens. Nous en avons les moyens.

Tout d'abord il faut admettre que l'islam porte en son sein ce qu'on appelle en Occident l'idéologie islamique ou l'islamisme : à savoir l'islam politique, l'islam social, l'islam prosélyte, hégémonique et conquérant. L'islam est une religion plus politique que le christianisme ou le judaïsme.

Il faut reconnaître que l'islam n'est pas compatible avec la laïcité. L'islam n'est pas compatible non plus avec les lois démocratiques que nous connaissons en Europe ou aux États-Unis. Et en cela l'islam ne se distingue pas des deux religions qui l'ont précédé.

Si l'on peut penser que le catholicisme du Moyen Âge était compatible avec la laïcité, on peut croire aussi que l'islam d'aujourd'hui l'est. Si l'on peut penser que le catholicisme de l'Inquisition était compatible avec les lois démocratiques, l'islam d'aujourd'hui l'est. L'islam vit son Moyen Âge. Le catholicisme était aussi en son temps prosélyte, hégémonique et conquérant, à l'époque où on bâtissait dans chaque ville et village des églises.

Mais nous ne sommes plus au Moyen Âge. Les mœurs ont évolué, des révolutions, des guerres ont eu lieu. La démocratie domine aux États-Unis et en Europe, en tout cas pour le moment. On ne peut accuser aujourd'hui le catholicisme de ce qu'il fut et fit au Moyen Âge.

Ne nous voilons plus les yeux. La première religion de France, le catholicisme, ne pose plus de problème aujourd'hui à la laïcité. Les gens divorcent, alors que le divorce est interdit par l'Église. Les gens ont des relations sexuelles quand et avec qui ça leur chante, et l'Église ne condamne personne pour avoir fauté, pour avoir blasphémé… On ne brûle plus personne sur les bûchers, pas même au Vatican, alors que l'islam emprisonne, torture, exécute, lapide, décapite les blasphémateurs, les apostats, les adultères… dans les pays où il a les pleins pouvoirs. Le catholicisme ne dicte aucune loi, ne régit pas la société, ne s'immisce pas dans les affaires de l'État. Après le discours du pape aux JMJ de Cracovie, filles et garçons, ensemble, dans des tenues d'été légères font la fête… Le catholicisme, et même l'Église, marche avec son siècle.

L'islam piétine. Il recule, il a beaucoup reculé par rapport aux années 70. Les intégristes musulmans ont le pouvoir politique dans plusieurs pays, ils ont instauré des lois moyenâgeuses et exportent, financent leur islam dans le monde. Ce sont des faits.

On peut espérer, avec une bonne dose d'optimisme, que l'islam deviendra une religion moderne et tolérante, mais cela prendra au moins un ou deux siècles – au rythme oriental, trois ou quatre ! Le chemin sera houleux et non sans accidents de parcours, comme nous l'enseigne l'histoire des religions. N'oublions pas que le christianisme n'a cessé de devenir expansionniste que sous la pression ferme du pouvoir politique. Si on attend la longue et hypothétique modernisation de l'islam, il est possible que, la démographie aidant, l'islam devienne la première religion de France ou même d'Europe, comme les islamistes l'appellent de leurs vœux, bien avant qu'il n'ait modifié son rapport à la société. Et ce jour-là, la civilisation occidentale européenne aura été balayée, comme ce fut le cas de la Perse, de l'Égypte ancienne et de Byzance.

Comme le disait si bien Leon Festinger, le psychosociologue américain : « On ne peut prévoir que le passé et sur cela les historiens ne sont pas d'accord. » Nul ne sait ce qui adviendra. Qui aurait pu imaginer en 1940-45 que l'Allemagne accueillerait un jour un million de réfugiés non aryens ? Donc, je pense, sans optimisme exagéré, que malgré des années de démission politique, d'opportunisme électoral, de recours aux grands frères et aux médiateurs douteux, nous pouvons, encore aujourd'hui, contrer l'offensive islamiste pacifiquement à l'échelle nationale et servir de modèle aux autres pays européens. Pour cela, des décisions politiques courageuses et déterminées s'imposent. L'affirmation de la laïcité sera la première exigence. Il ne faut rien céder sur ce terrain.

Les islamistes, qui ne représentent qu'une minorité de la population musulmane de France, n'entendent que le langage de la fermeté, et toute marque de tolérance est comprise par eux comme un aveu de faiblesse. Être ferme avec les islamistes ne stigmatisera en rien les musulmans de France ; au contraire, ils seront libérés, car ils sont les premiers visés par l'offensive islamiste qui les stigmatise. Il faut faire comprendre auxdits musulmans que l'espace public laïque n'est pas pluriconfessionnel, mais non confessionnel.

Seule la laïcité réconcilie un peuple, aux origines et aux religions multiples, avec lui-même. Aucune croyance n'est privilégiée, aucune spiritualité n'est favorisée, et le choix de l'une d'entre elles et ses conséquences relèvent de la sphère privée de chacun.

La laïcité libère l'espace public de toute emprise religieuse. La neutralité confessionnelle permet l'adhésion de tous aux valeurs républicaines, aux lois reconnues comme justes dans une démocratie laïque. En ce sens, on peut parler d'un contrat social, pour reprendre le concept de Rousseau. Il est temps de mettre en avant ce qui nous rassemble tous, quelles que soient nos croyances spirituelles ou religieuses.

Libérés dès leur naissance des dogmes du christianisme, les générations européennes qui ont connu Mai 68, les générations postpilule et postpréservatif, ignoraient tout simplement que les dogmes religieux peuvent ébranler les fondements mêmes de la démocratie et de la République.

Il est temps de se réveiller. Il est temps d'enseigner aux enfants, aux adolescents – au lieu de la stupide théorie du genre –, *que la foi comme la sexualité relèvent de l'intimité et se pratiquent dans l'intimité.*

Pourquoi ne pas faire pour un temps, le temps que les crispations religieuses et communautaristes s'apaisent, l'économie de l'exhibitionnisme religieux dans l'espace public ?

Je pense, je crois que la laïcité est le meilleur système qui puisse exister, car dans les pays non laïques la reconnaissance, la domination officielle d'une religion ou d'une spiritualité discrimine, persécute, élimine, au mieux tolère les tenants d'autres croyances, d'autres spiritualités.

« En un mot, je veux, je le répète, ce que voulaient nos pères, l'Église chez elle et l'État chez lui. » Le discours de Victor Hugo contre la loi Falloux en 1850 suffit à montrer que, bien des siècles après l'Inquisition, la lutte contre les dogmes chrétiens fut difficile.

En flânant dans Paris, en parcourant les villes et les campagnes de France, on sent qu'une âme les habite. L'âme française : un art de vivre enraciné dans une longue histoire. Sans ses principes et ses valeurs, sans la laïcité, sans les droits acquis de haute lutte, sans *Écrasons l'infâme*, la France ne serait plus la France.

Posséder la nationalité française, allemande, italienne, suédoise, européenne, reconnaissons-le, est un grand privilège. Plus particulièrement pour les immigrés naturalisés comme moi et pour les enfants issus de l'immigration. Il suffit d'avoir voyagé un peu dans le monde, ou tout simplement de retourner dans le pays de ses parents (c'est souvent le cas des enfants issus de l'immigration) pour mesurer le caractère exceptionnel de ce privilège. Outre le fait d'être un des pays les plus beaux au monde, avec l'Italie, outre la variété de ses paysages et de ses régions, c'est le seul pays à proposer à foison cafés, bistrots et restaurants, l'un des pays où l'on peut vivre intensément une vie culturelle et intellectuelle, riche en théâtres, en cinémas et en musées. Pays de création artistique et d'invention culturelle en tous domaines – ce qui a pour conséquence le haut niveau intellectuel de ses habitants, leur capacité critique et leur intérêt pour la politique nationale et internationale. Au demeurant, la France est une vraie démocratie ; le droit de vote n'y est pas un faux-semblant ; la séparation des pouvoirs y est une réalité et la justice y est indépendante. La sécurité sociale pour tous, les indemnités de chômage, les allocations logement, les allocations familiales, les congés payés, le régime des retraites… l'ensemble des acquis sociaux fait envie au monde entier, même aux Américains.

La laïcité est plébiscitée par une immense majorité de Français. Le fait de considérer la religion comme une affaire purement individuelle et d'assigner toute pratique religieuse à la sphère privée fait l'objet en France d'un large consensus. Si l'on cherche à trafiquer la laïcité en catimini, dans le dos des Français, et qu'un comité de vieux « éléphants » s'arroge le pouvoir de la redéfinir, la réponse du peuple sera, à coup sûr, implacable.

Il faut comprendre l'amertume et la colère des Français : leurs ancêtres se sont battus pendant des siècles pour arracher la laïcité à l'Église, et aujourd'hui, en 2016, les dogmes d'une religion venue d'ailleurs envahissent leur pays.

La laïcité est un héritage culturel et politique légué par Voltaire, Diderot, Hugo… qui a abouti à la loi de 1905. Elle fait partie de l'âme française. La France est l'un des rares pays non communistes où l'on peut se déclarer athée sans être stigmatisé. Ce qui n'est pas le cas dans la plus grande démocratie du monde : les États-Unis, où Obama a proclamé récemment en direct sur CNN : « Nous sommes tous enfants d'Abraham » avant de conclure son discours par le fameux : « *God bless America.* »

Quelle immigration ?

Quelle immigration sur une planète mondialisée où, qu'on le veuille ou non, les immigrés de toutes origines et de toutes cultures viendront dans notre pays ?

Depuis des décennies, les uns fustigent l'immigration, les autres l'applaudissent. Selon les uns, elle est un malheur pour la France, selon les autres, elle est une chance. Or les deux camps ont raison. L'immigration a été à la fois un malheur et une chance pour la France. Mais on peut faire en sorte qu'elle ne soit qu'une chance. On peut avoir une politique d'immigration qui nous conviendrait. L'immigration peut être choisie et non subie. Il existe, on le sait, beaucoup de ressortissants des pays musulmans, certains en guerre, qui aspirent à venir en Occident parce qu'ils en ont – disons-le d'un mot – ras le bol des dogmes islamiques. Il en existe beaucoup plus qu'on ne l'imagine. Suffisamment pour peupler toute la France. Pourquoi ne pas choisir nos immigrés

« musulmans » parmi eux ? Tout nouvel immigré signera un « contrat de laïcité » par lequel il s'engagera à respecter une stricte laïcité : la foi, comme la sexualité, relève de l'intimité et de la vie privée. Les immigrés s'engageront à ne pratiquer aucune forme de prosélytisme religieux, à n'avoir aucune revendication religieuse publique et ils élèveront leurs enfants, quelles que soient leur religion, leurs croyances, dans le respect de la laïcité et des lois républicaines. Et le moindre manquement entraînera automatiquement le retrait de tous les droits. Quand on va dans un pays occidental pour avoir une vie meilleure et avoir plus de droits, il faut aussi en respecter les lois. À tous ceux qui ont leur « Livre Unique et Sacré » sous le bras et veulent nous imposer ce qu'il faut faire ou ne pas faire, ce qu'il faut manger ou ne pas manger, ce qu'il faut construire ou ne pas construire… on peut signifier très clairement qu'ils se trompent de pays, même s'ils viennent de pays en guerre, comme la Syrie. S'ils sont pro-Assad, ils peuvent aller en Iran ou en Russie, et s'ils sont contre Assad, ils peuvent aller en Arabie Saoudite ou au Qatar, des pays immensément riches… La Terre est grande.

Dire et affirmer que la France n'est pas une civilisation islamique n'a rien de raciste. La France n'est pas non plus une civilisation bouddhiste.

Défendre, protéger la culture française, le mode de vie français, la langue française doit être l'honneur de ce pays. Le monde entier, de la Chine, du Japon, de l'Inde jusqu'à l'Amérique... admire la culture française, l'art de vivre en France. Il est temps de signifier à tous les immigrés que la France n'est pas un pays où on débarque avec ses dogmes sacrés. Le laxisme doit prendre fin.

Il faut arrêter aussi de rendre la France responsable de tous les malheurs de la Terre et d'utiliser des photos d'enfants noyés ou tués sous les décombres pour la culpabiliser. Dans toutes les guerres, il y a eu des victimes innocentes.

J'aborde ici un sujet tabou. Pendant la fête de l'ouverture des jeux Olympiques à Rio, les journalistes, joyeux et de bonne humeur, nous ont appris que des préservatifs avaient été distribués en grand nombre à tous. On ne peut que s'en réjouir. Mais pourquoi n'avoir pas distribué gratuitement des préservatifs ou plutôt des pilules aux populations qui vivent en guerre ou dans des camps de réfugiés ? Pourquoi ne pas venir au secours de ces pauvres jeunes femmes à qui la grossesse tombe dessus comme un ultime malheur ? Où sont les féministes américaines et européennes pour s'indigner ? Où sont-elles, ces femmes modernes, certaines même journalistes, qui planifient leurs grossesses en fonction de leur carrière et qui se donnent dans les médias l'air scandalisé à la vue d'un enfant en bas âge noyé ? Leur carrière a plus d'importance que les malheurs de ces jeunes femmes qui subissent les barbaries de la guerre ? Quelle femme voudrait tomber enceinte, dans le dénuement total, sous les bombes, en vivant dans un camp de réfugiés insalubre ou sur le chemin de l'exil ?

Derrière les bons sentiments se cachent parfois les pires hypocrisies.

Que faire ?

On a proclamé en France l'état d'urgence pour la deuxième fois. Les responsables politiques ne peuvent, sans cesse, après chaque attentat, se contenter de demander à ceux et celles qui ont perdu famille, amis, proches, de garder leur sang-froid, de ne pas céder à la violence. Il est temps de prendre les décisions politiques qui s'imposent avec l'état d'urgence.

Nous le savons, nos ennemis veulent déclencher dans notre pays des ripostes incontrôlées qui créeraient des enclaves de violence. Ce qu'ils appellent de leurs vœux, c'est une guerre civile qui déchirerait le tissu social, saperait les fondements de la démocratie et détruirait le pays. Nous savons, au moins depuis Gustave Le Bon et Gabriel Tarde, que les foules peuvent réagir de façon irrationnelle, même les plus civilisées d'entre elles. Nos politiques nous disent qu'il faut s'attendre à d'autres attentats. Pendant combien de mois, d'années, nous ne le savons pas ; eux non plus. Comment prévenir le délitement de la situation, les dérapages ?

Pour une fois, il faut que nos dirigeants anticipent les dangers et les risques de débordement. Pour une fois, il faut être plus intelligents que les islamistes.

Pour que l'appel à la responsabilité ne soit pas vain et ne risque pas, à la longue, d'être ignoré, il faut que chacun se sente responsabilisé, concerné par les enjeux et partie prenante des décisions. La guerre, puisque guerre il y a, et qu'elle a lieu à l'intérieur du pays, est l'affaire de tous. Si les gens sentent, et pour le moment c'est le cas, que le laxisme de notre président, ou des présidents et des gouvernements précédents est, en partie, la cause de la situation actuelle, leur appel à la vigilance n'aura à la longue aucune efficacité. Des ripostes désorganisées seront, tôt ou tard, inévitables.

Dans cette situation grave, la cohésion nationale n'est l'affaire ni de la gauche, ni de la droite, ni du Front national, ni des intellectuels ; elle exige la vigilance de tous les Français, puisque c'est chacun de nous ou de nos proches qui peut être victime du prochain attentat – au mauvais moment au mauvais endroit –, puisque la France appartient aux Français et non à un parti, ou à un président actuel ou futur, ni aux intellectuels, qu'ils soient de gauche ou de droite.

S'il est impossible, à l'ère de la mondialisation et du numérique, d'éradiquer les influences sociales néfastes de l'idéologie islamique, s'il est impossible d'éradiquer les menaces d'attentats, cependant, pour que les Français restent solidaires, il est indispensable qu'ils aient la conviction que tout ce que l'on pouvait faire pour conserver la cohésion nationale a été fait. C'est pourquoi il est plus que temps que tout un chacun se sente impliqué dans les prises de décision qui nous concernent tous.

Mises à part les questions de sécurité, les stratégies de la lutte contre le terrorisme – expulsion, arrestation, surveillance... – qui relèvent des spécialistes de la police, de l'armée, des services de renseignement..., pourquoi ne pas organiser des consultations populaires sur plusieurs sujets précis ? Ne pourrait-on demander l'avis des Français sur des mesures préventives face à l'offensive idéologique, des mesures de bon sens que la sagesse populaire entendra et comprendra immédiatement ? Il n'existe pas de peuple plus politisé, plus averti que les Français. Et on ne peut d'un côté exiger que les Français soient vigilants et de l'autre les traiter comme s'ils n'étaient pas des adultes informés.

En France, on aime bien débattre éternellement sur un sujet qui devient pendant un temps le prétexte ou l'occasion de règlements de comptes entre intellectuels et politiques, puis on abandonne et on passe au sujet suivant. De 1989 à 2003, il a fallu quatorze ans pour légiférer sur le voile à l'école. Or, aujourd'hui, la situation est trop périlleuse pour que des sujets cruciaux puissent être considérés simplement comme des enjeux électoraux pour tel ou tel parti ou tel ou tel président.

Voici donc quelques propositions concrètes. Quelques sujets qui pourraient être soumis directement au vote populaire car ils concernent le vivre ensemble, le modèle de société et l'avenir de la France.

Chaque vote pourrait être précédé par des débats publics télévisés au cours desquels seraient exposées les diverses thèses en présence. Les représentants de chaque option auraient droit au même temps de parole et exposeraient leur point de vue sans être interrompus. Ils pourraient dans un second temps et dans les mêmes conditions (temps de parole limité, absence d'interruptions) critiquer les autres positions. Ainsi serait évitée la confusion propre aux combats de coqs auxquels on assiste souvent en France et garantie une présentation sereine des diverses opinions.

La laïcité

Depuis des années, intellectuels et politiques se déchirent sur la laïcité et ils s'accusent. Il est temps de prendre une décision à propos de la laïcité et la décision n'appartient pas à une oligarchie, mais au peuple français. Nous ne sommes ni en Turquie, ni en Iran, ni en Algérie, ni au Maroc, ni au Mali... Il est temps que chacun en prenne conscience et se sente concerné. J'ai écrit ce que je pense : céder sur la laïcité, c'est admettre que l'idéologie islamique nous vaincra. Mais certains estiment que le modèle anglo-saxon serait plus adapté à la situation actuelle et contribuerait à la paix des ménages. À Londres et dans d'autres villes anglaises, le communautarisme islamique s'affiche, des enclaves islamisées prospèrent. On tolère que des quartiers soient régulés plus ou moins implicitement par les dogmes islamiques, que le voile et la burqa aient droit de cité, à l'école et à l'université comme dans d'autres institutions, dans toutes les institutions. Serions-nous capables de contrôler la situation en limitant drastiquement, comme le font les Anglais, l'entrée sur notre territoire des musulmans intégristes ?

Des enclaves islamisées existent d'ores et déjà en France. Mais est-ce une raison pour encourager leur multiplication ? La situation en Angleterre tend plutôt à démontrer que, dans le domaine de l'intégrisme, lorsqu'on cède un doigt, c'est le bras entier qui y passe en fin de compte. Le voile à l'école en Angleterre a ouvert la porte à la burqa. David Cameron a essayé en vain de bannir la burqa de l'école.

Quel que soit le résultat du vote sur la laïcité, il nous faudra en assumer les conséquences. En démocratie, le vote de la majorité a le dernier mot. De deux choses l'une : ou c'est la laïcité qui doit s'adapter à l'islam, devenu la deuxième religion de France, ou c'est l'islam qui doit s'adapter à la laïcité. Les Français trancheront.

Ainsi toutes les questions biaisées, qu'elles portent sur l'islam de France ou l'islam en France... ou sur le degré d'ouverture de la laïcité, seront balayées d'un coup. Ou bien nous accepterons le communautarisme religieux, nous reconnaîtrons que la laïcité, à l'heure de la mondialisation de l'islam, est un modèle désuet. Ou bien l'immense majorité du peuple français confirmera son adhésion pleine et entière au modèle laïque, celui-ci aura force de loi et il faudra se donner les moyens de le faire respecter.

Pourquoi ne pas demander, par ces temps périlleux, aux religieux catholiques et juifs de donner l'exemple en s'abstenant de porter des signes distinctifs en dehors des lieux de culte ?

Un jeûne œcuménique des signes religieux, en somme, puisque l'œcuménisme est à la mode.

Il n'y aurait pas mort d'homme.

Nous n'afficherons, tous ensemble, que ce qui nous rassemble. Nous garderons nos croyances, notre foi, dans notre cœur, elles ne s'en porteront que mieux.

Service civique

Beaucoup de gens ont déploré la suppression du service militaire au moment même où il aurait pu jouer un rôle important dans le brassage des jeunes gens de toutes origines et milieux sociaux. Beaucoup ont proposé qu'il soit remplacé par un service civique de six mois, obligatoire, pour filles et garçons. L'avantage du service civique est que nul ne pourra en être dispensé. Consacrer six mois de sa vie à son pays, ce n'est vraiment pas un sacrifice, surtout par ces temps où le patriotisme est le devoir de chacun de nous. Un service civique obligatoire permettra aux jeunes, filles et garçons, issus de milieux socioculturels différents de se rencontrer et de nouer des liens. Il renforcera en eux l'altruisme et l'importance de la cohésion nationale.

La Marseillaise et l'uniforme scolaire

N'est-il pas temps, après avoir été tenté d'autoriser le voile à l'école, de promouvoir l'Égalité et la Fraternité de la devise républicaine dans l'enceinte de l'école, pour que les enfants comprennent que ni l'origine ni le sexe ne créent une quelconque inégalité ? L'uniforme scolaire pour tous les enfants en sera un signe visible. Ils chanteront *La Marseillaise* chaque matin. Tous ensemble. Rassemblés. On leur racontera l'histoire de l'hymne national. On leur expliquera que chanter ensemble *La Marseillaise* est un rituel républicain qui n'est pas réservé au stade de football et à l'équipe de France. On leur commentera la signification de ce rituel et sa portée. Il s'agira de restituer à l'hymne national sa force patriotique et révolutionnaire. On expliquera aux enfants que le patriotisme n'est pas le nationalisme et que proclamer l'égalité ne signifie pas l'égalitarisme et n'efface pas l'individualité de chacun, l'individualité qui s'exprime par la pensée, la sensibilité, le langage, l'histoire, les sentiments, les talents, les aptitudes et les goûts de chacun.

Certains ont utilisé le terme caporalisme pour s'opposer à l'hymne national et à la tenue uniforme à l'école. Les mêmes qui se disaient encore hier « citoyens du monde » et qui étaient souvent favorables au port du voile ! Or l'uniforme aura le mérite, au moins, d'effacer dans l'enceinte de l'école les inégalités sociales et économiques ainsi que les valeurs marchandes et commerciales.

Créer la déchéance de la citoyenneté

L'époque coloniale est définitivement close. Il n'y a qu'une sorte de citoyen français ; profiter de l'État Providence, jouir de la démocratie, exige une contrepartie : respecter les principes et les valeurs du pays. Aucune appartenance religieuse, aucune appartenance minoritaire, ne doit exonérer quiconque de ses devoirs de citoyen. Veiller au respect intégral des lois démocratiques est plus que jamais indispensable.

Ceux qui s'affranchiraient des décisions prises par les votes populaires pourraient être déchus de leurs droits de citoyen et de tous les avantages sociaux qui s'y attachent : allocations logement, allocations familiales, RSA... et même sécurité sociale et droit à la retraite.

On ne peut vouloir le beurre et l'argent du beurre, profiter de la démocratie, de l'État Providence et ne pas respecter ses lois. Les droits doivent être la contrepartie du respect des lois. Libre à ceux qui ne supportent pas la règle démocratique d'aller ailleurs.

Arrivé à ce point critique, il faut faire usage de la plus grande fermeté. Les islamistes ont retourné les avantages de la démocratie contre la démocratie : la liberté, l'État de droit, la tolérance, la pluralité des opinions... Il est temps de signifier aux islamistes de tout poil qu'ils auront beaucoup à perdre s'ils ne respectent pas les lois. Il faut mettre définitivement un terme à la *Taqiya* de certains imams et prédicateurs au double et triple langage.

D'autres sujets comme le regroupement familial et la limitation des droits sociaux pour les immigrés peuvent être soumis au vote populaire.

Il est temps d'en finir avec la politique à la petite semaine – déchoir ou ne pas déchoir de la nationalité française, théorie du genre, discrimination positive, j'en passe… – et de penser dans le long terme ; les idéologues de l'islam, eux, ont des stratégies à très long terme et c'est depuis des décennies qu'ils ont lancé leurs offensives tous azimuts.

Il y a aussi urgence à redéfinir une stratégie de l'éducation et, notamment, de l'instruction civique.

Le mot « instruction » signifie littéralement « bâtir de l'intérieur ». Instruire, c'est enrichir et former l'esprit. Donner à chacun la liberté de jugement qui lui permettra de résister à toutes les volontés d'embrigadement et d'endoctrinement idéologique.

L'une des urgences consisterait à préserver les adolescents de demain. Pour ce faire, dès les premières années de l'école primaire, une éducation civique et laïque s'impose, car tout se joue avant dix ans. Les plus jeunes doivent faire l'objet de toute notre attention car la lutte qui s'engage sera longue et ils sont l'avenir de la France.

Il m'est arrivé, lors de rencontres que j'ai faites avec des collégiens et lycéens, qu'un adolescent m'interpelle : « Madame, il faut porter le voile, c'est écrit dans le Coran, c'est sacré, il faut obéir, voilà c'est tout. » Lorsque je lui demandais : « Cher monsieur, pouvez-vous m'indiquer le verset et la sourate du Coran car j'aimerais beaucoup le lire moi aussi ? », il répondait, en général, avec un grand sourire, à la fois gêné et timide : « Mais madame, tout le monde sait que c'est écrit dans le Coran. Il faut obéir au Coran, il faut porter le voile. Après si vous n'avez pas lu le Coran, il faut le lire ! »

Eh bien, ces adolescents, à la fois paumés et attachants, qu'on a abandonnés, à qui les islamistes ont inculqué que le Coran est la référence absolue, que le Coran est le sacré absolu, peuvent se radicaliser rapidement à l'occasion de circonstances malencontreuses et de mauvaises rencontres.

Il faudrait une grande campagne pédagogique de désislamisation du langage et des esprits dans les écoles. Non seulement on n'a pas pris la mesure des dégâts que les croyances dogmatiques pouvaient causer sur l'esprit des enfants, mais surtout, en répétant, en propageant le discours des islamistes, depuis des années dans les médias, on a encouragé l'endoctrinement des enfants.

Il est indispensable, sur le plan pédagogique, de déconstruire la référence absolue à la sacralité absolue d'un Livre Sacré.

Il est urgent de désacraliser les dogmes islamiques.

Je pense à tous ces adolescents à qui les agents d'influence, des imams roublards, des prédicateurs, des idéologues de l'islam, des grands frères... ont inculqué les dogmes religieux et instillé, comme si elles allaient de soi, les distinctions Pur et Impur, Halal et Haram, Bien et Mal, Musulmans et Mécréants – ces adolescents qui, certes, pour un grand nombre d'entre eux, n'ont jamais lu le Coran, ni d'ailleurs aucun autre livre, mais qui, sans référence, sans repère, sans modèle, sont tombés dans le piège d'islamistes très avisés, très rusés et très manipulateurs.

Au lieu de former des imams, il faudrait former des éducateurs laïques, armés d'arguments solides, qui travailleraient avec les élèves en faisant appel à l'intelligence et à la sensibilité de chacun d'eux. Des éducateurs qui déposeraient en chaque enfant, en chaque adolescente ou adolescent, les semences du désir d'apprendre, le goût de la science, de l'art, de la poésie, du progrès, de la rationalité... Des éducateurs qui sauraient leur parler, car la parole lorsqu'elle est vraie, lorsqu'elle est authentique, rationnelle et structurée peut agir comme un vaccin contre l'obscurantisme.

Ces mesures sont urgentes. Les soumettre au vote populaire donnera à chaque Français le sentiment d'être associé aux prises de décision et de s'engager activement pour la sauvegarde de la cohésion nationale.

Par ces temps troublés, si un mot d'ordre s'impose, c'est bien celui de vigilance. La vigilance de tous. Il est impératif de dire et de répéter qu'il ne faut pas tomber dans le piège que nos ennemis ne cessent de nous tendre. Il ne faut pas céder à l'esprit de vengeance, à la vendetta. Chaque attentat, ne l'oublions pas, est aussi un terrible guet-apens dans lequel nos vrais ennemis, les dirigeants des pays dictatoriaux et leurs mouvements islamistes, souhaitent nous entraîner pour défaire notre démocratie. Nous devons déjouer ce guet-apens et, pour ce faire, agir résolument et tous ensemble.

Il est temps d'en finir avec les flottements de la pensée, avec les débats stériles, avec les stratégies électorales, il est temps de faire savoir à nos ennemis de l'extérieur, à leurs agents de l'intérieur, et à leurs exécuteurs de basses œuvres, que la République française est bâtie sur un certain nombre de valeurs et de principes auxquels on ne saurait porter atteinte. Le monde entier, de l'Amérique, jusqu'à la Chine et au Japon, en passant par la Russie, l'Inde et les pays musulmans, nous regarde. Il est temps de montrer à tous la différence essentielle qui existe entre une grande démocratie et les régimes dictatoriaux.

Table

Cet ouvrage a été imprimé par
CPI FIRMIN DIDOT
pour le compte des Éditions Grasset
en novembre 2016

Composition réalisée par Belle Page

N° d'édition : 19595 – N° d'impression : 136678
Dépot légal : novembre 2016
Imprimé en France